O Brincar e suas Teorias

Dados Internacionais de Catalogação na Publicação (CIP)
(Câmara Brasileira do Livro, SP, Brasil)

O Brincar e suas teorias / organizadora Tizuko Morchida Kishimoto. - São Paulo : Cengage Learning, 2024.

Vários autores.
17. reimpr. da 1. ed. de 1998.
Bibliografia.
ISBN 978-85-221-1171-8

1. Atividades criativas 2. Brincadeira 3. Jogos educativos 4. Jogos infantis 5. Jogos infantis - Educação 6. Psicologia infantil I. Kishimoto, Tizuko Morchida

01-4330 CDD-371.397

Índices para catálogo sistemático:

1. Brincadeiras e jogos : Educação 371.397
2. Jogos e brincadeiras : Educação 371.397

O Brincar e suas Teorias

O Brincar e suas Teorias

Tizuko Morchida Kishimoto
Organizadora

Ana Beatriz Cerisara
Gilles Brougère
Heloysa Dantas
Jean Perrot
Leny Magalhães Mrech
Maria Nazaré de Camargo Pacheco Amaral
Tizuko Morchida Kishimoto

Austrália • Brasil • Canadá • México • Cingapura • Reino Unido • Estados Unidos

O Brincar e suas Teorias

Tizuko Morchida Kishimoto (organizadora)

Editoração Eletrônica: Página Um – Design Gráfico e Editoral

Capa: Souto Crescimento da Marca

Revisão: Fausto Alves Barreira Filho

ISBN-13: 978-85-221-1171-8
ISBN-10: 85-221-1171-5

Cengage
WeWork
Rua Cerro Corá, 2175 - Alto da Lapa
São Paulo - SP - CEP 05061-450
Tel.: +55 (11) 3665-9900

Para suas soluções de curso e aprendizado, visite **www.cengage.com.br.**

Impresso no Brasil
Printed in Brazil
17. reimpr. – 2024

Sobre os autores

Ana Beatriz Cerisara

É licenciada em Pedagogia pela Pontifícia Universidade Católica do Rio Grande do Sul. Desde 1983 é docente e pesquisadora do Centro de Ciências da Educação da Universidade Federal de Santa Catarina ocupando-se com a formação de profissionais para atuar junto a instituições educativas de 0 a 6 anos. Atualmente é docente e coordenadora do Núcleo de Estudos e Pesquisas da Educação de 0 a 6 anos (NEE0A6) da UFSC.

Autora de *Rousseau: a educação na infância*, São Paulo: Scipione, 1989.

Gilles Brougère

Professor titular da Université Paris-Nord, coordenador francês do Projeto Capes/Cofecub, diretor do GREC – Groupe de Recherche sur les Ressources Educatives et Culturelles.

Autor de: *Jeu et Education.* Paris: Harmattan, 1995, traduzida em português *Jogo e educação.* Porto Alegre: Artes Médicas, 1997, *Brinquedo e cultura*, São Paulo: Cortez, 1995.

Heloysa Dantas

Professora doutora da Faculdade de Educação da Universidade de São Paulo. Docente e pesquisadora da área temática de Psicologia e Educação, especializada em estudos de Wallon.

Jean Perrot

Professor de Literatura Comparada da Université Paris-Nord. Criador e diretor do Institut International Charles Perrault 1994, Representante da Fédération Internationale de Langues et Littérature Modernes (FILLM), International Board on Books for Youth (IBBY) entre outros.

Obras publicadas:

Du jeu, des enfants et des livres, Paris: Éditions du Cercle de la Librairie, 1987.

Art baroque, art d'enfance, Nancy: Presses Univ. de Nancy, 1991.

Mythe et Littérature, Paris: PUF, 1976.

Leny Magalhães Mrech

Coordenadora da Sub-área da Pós-Graduação de Psicologia e Educação da Faculdade de Educação da USP, coordenadora-geral do Convênio Fundação do Campo Freudiano e Universidade de São Paulo, coordenadora-geral do Núcleo de Cursos Breves da Escola Brasileira de Psicanálise, pertence à diretoria do Instituto de Pesquisas em Psicanálise de São Paulo, órgão da Escola Brasileira de Psicanálise.

Maria Nazaré de Camargo Pacheco Amaral

Doutora em Filosofia e História da Educação e professor associado pela Faculdade de Educação da USP (1986) com pós-doutorado em Bochum e Tübingen na República Federal da Alemanha de 1987 a 1988, 1993 e 1995.

Livros publicados:

Dilthey: um conceito de vida e uma pedagogia, São Paulo: Perspectiva/ EDUSP, 1987.

Dewey: filosofia e experiência democrática, São Paulo: Perspectiva/EDUSP, 1989.

Período clássico da hermenêutica filosófica na Alemanha. São Paulo: EDUSP, 1994.

Flitner: fundamentação filosófica da pedagogia geral ou sistemática. São Paulo: EDUSP/FAPESP, prelo.

Tizuko Morchida Kishimoto

Professora titular e vice-diretora da Faculdade de Educação da Universidade de São Paulo; coordenadora: do Laboratório de Brinquedos e Materiais Pedagógicos, do Grupo Interinstitucional sobre o Jogo e do Projeto Capes/Cofecub, responsável pelo intercâmbio entre o Brasil e a França sobre a temática do jogo.

Autora de *Jogos tradicionais infantis,* Petrópolis: Vozes, 1993; *O jogo e a educação infantil,* São Paulo: Pioneira, 1994; *Jogo, brinquedo, brincadeira e a educação,* São Paulo: Cortez, 1996.

Sumário

Teorias psicológicas

Apresentação

O Brincar e suas teorias inclui artigos que referendam concepções sobre o brincar provenientes de três campos de estudo: socioculturais, filosóficos e psicológicos que subsidiam trabalhos de pesquisa do grupo interinstitucional sobre o jogo na educação.

Destacam-se como novos referenciais para analisar o brincar, paradigmas de natureza sociológica, entre os quais situa-se o primeiro artigo: *A criança e a cultura lúdica*, de Gilles Brougère, que analisa o brincar como fenômeno cultural e que integra um trabalho apresentado durante as atividades de cooperação internacional entre o Brasil e a França visando ao desenvolvimento de atividades científicas entre a Faculdade de Educação da Universidade de São Paulo e a Universidade Paris-Norte. O Departamento de Ciências da Educação, da Universidade de Paris-Norte – (Paris 13), dispõe de um Grupo de Pesquisa sobre o jogo em uma perspectiva sociológica, do qual participam pesquisadores como Brougère e Perrot.

O segundo artigo: *Os "livros-vivos" franceses. Um novo paraíso cultural para nossos amiguinhos, os leitores infantis*, de Jean Perrot, que participa da equipe francesa, fornece exemplos de livros infantis de países europeus analisados dentro de uma abordagem teórica da literatura infantil (psicanalítica), apontando aspectos culturais expressos nos "livros-vivos", percebidos pela sensibilidade dos ilustradores profundamente afetados pelo espírito das brincadeiras. As formas apresentadas por tais "livros-surpresa" estimulam o gosto pela leitura pelo prazer intermediado pelas "surpresas" literárias.

Em outro segmento, pela contribuição prestada ao campo da educação infantil, Froebel e Dewey foram selecionados como representantes das teorias filosóficas.

O terceiro artigo: *Froebel e a concepção de jogo infantil* de Tizuko Morchida Kishimoto, publicado na *Revista da Faculdade de Educação da Universidade de São Paulo*, v. 22, n. 1, jan-jun/1996, pp. 145-168, merece destaque por ser o introdutor do jogo na educação infantil. Ao conceber o brincar como atividade livre e espontânea da criança e ao mesmo tempo referendar a necessidade de supervisão do professor, Froebel mesmo utilizando um paradigma metafísico, aponta questões presentes nos contextos atuais. Jogos dirigidos pelos professores denominados atividades e dons froebelianos predominam na prática dos jardins de infância. Entretanto, a mais relevante contribuição do autor sobre o simbolismo infantil parece não ter sido muito valorizada.

O quarto artigo: *Dewey: jogo e filosofia da experiência democrática*, de Maria Nazaré de Camargo Pacheco Amaral, especialmente elaborado para esta coletânea, apresenta as concepções filosóficas que suportam o jogo mostrando como a vida social é a base do desenvolvimento infantil e conseqüentemente da própria educação. Dewey foi o expoente do movimento escolanovista que deixou marcas profundas nas discussões dos primeiros tempos deste século. A autora discute os fundamentos filosóficos que sustentam a concepção deweyana de educação democrática, salientando o importante papel atribuído pelo autor ao jogo infantil.

Entre as teorias psicológicas que investigam o brincar damos destaque às de Wallon, Bruner, Vygotsky e Lacan.

Brincar e trabalhar, de Heloysa Dantas, que encabeça o quinto capítulo, defende uma concepção de "brincar" de base psicogenética, vista como atividade infantil por excelência: toda atividade espontânea da criança é, a princípio, um fim em si mesma. Na medida em que se aperfeiçoa pelo exercício funcional, tende a se tornar instrumental, meio para outras ações de ordem mais complexa. Neste sentido, o brinquedo tende para o trabalho, que pode ser pensado como suscetível de integrá-lo. Daí a utilidade de pensar simultaneamente, dialeticamente, o par brinquedo-trabalho.

O sexto capítulo: *De como o Papai do Céu, o Coelhinho da Páscoa, os Anjos e o Papai Noel foram viver juntos no céu!*, de Ana Beatriz Cerisara, mostra que a psicologia sócio-histórica concebe o jogo infantil enquanto atividade criadora, marcado pela cultura e mediado pelos sujeitos com quem a criança se relaciona. O artigo aborda aspectos presentes nos trabalhos de Vygotsky, de como as crianças pequenas se constituem em uma dada cultura, a partir da relação que estabelecem entre a atividade imaginadora e o mundo real, apontando a necessidade de recuperar o lúdico no universo dos adultos para que se privilegie a brincadeira como atividade fundamental em creches e pré-escolas.

Bruner e a brincadeira, de Tizuko Morchida Kishimoto, traz, no sétimo capítulo, idéias do autor que elabora concepções sobre cognição, cultura e educação e introduz a brincadeira como elemento importante nessa tríade. Em sua teoria, o jogo representa a forma de violar a rigidez dos padrões de comportamentos sociais das espécies. A brincadeira oferece a oportunidade para a criança explorar, aprender a linguagem e solucionar problemas. Educar e desenvolver a criança significa introduzir brincadeiras mediadas pela ação do adulto, sem omitir a cultura, o repertório de imagens sociais e culturais que enriquece o imaginário infantil.

No último capítulo, destaca-se o texto *Além do sentido e do significado: a concepção psicanalítica da criança e do brincar*, de Leny Magalhães Mrech, que apresenta a perspectiva lacaniana para interpretar o significado do brincar partindo do questionamento do vínculo direto e imediato entre a criança, o brinquedo e o brincar. A Psicanálise indefere formas prévias de conceber a criança, o brinquedo e o brincar e postula o resgate do brincar identificando o que é específico no infantil e na criança, não se restringindo às etapas de seu desenvolvimento vistos em sua linearidade e universalidade, que não contempla referenciais individuais e sociais.

Tais referenciais certamente serão de grande utilidade para os que buscam paradigmas para justificar pesquisas e reflexões acerca do brincar.

Tizuko Morchida Kishimoto

TEORIAS SOCIOANTROPOLÓGICAS

CAPÍTULO 1

A CRIANÇA E A CULTURA LÚDICA

GILLES BROUGÈRE
Université Paris-Nord
Tradução de Ivone Mantoanelli
e revisão de Tizuko Morchida Kishimoto

Toda uma escola de pensamento, retomando os grandes temas românticos inaugurados por Jean-Paul Richter e E. T. A. Hoffmann, vê no brincar o espaço da criação cultural por excelência. Deve-se a Winnicott a reativação de um pensamento segundo o qual o espaço lúdico vai permitir ao indivíduo criar e entreter uma relação aberta e positiva com a cultura: "Se brincar é essencial é porque é brincando que o paciente se mostra criativo"[1]. Brincar é visto como um mecanismo psicológico que garante ao sujeito manter uma certa distância em relação ao real, fiel, na concepção de Freud, que vê no brincar o modelo do princípio de prazer oposto ao princípio de realidade[2]. Brincar torna-se o arquétipo de toda atividade cultural que, como a arte, não se limita a uma relação simples com o real[3].

Mas numa concepção como essa o paradoxo é que o lugar de emergência e de enriquecimento da cultura é pensado fora de toda

[1] Winnicott, *Jeu et réalité*, tr. fr., Paris: Gallimard, 1975, p. 26.
[2] "Toda criança que brinca se comporta como um poeta, pelo fato de criar um mundo só seu, ou, mais exatamente, por transpor as coisas do mundo em que vive para um universo novo em acordo com suas conveniências." Sigmund Freud, "La création littéraire et le rêve éveillé" (1908), in: *Essais de psychanalyse appliquée*, tr. fr., Paris: Gallimard, 1973, p. 70.
[3] "O poeta age como a criança que brinca; cria um mundo imaginário que leva muito a sério, isto é, que dota de grandes qualidades de afetos, sem deixar de distingui-lo claramente da realidade." Id., ibid.

cultura como expressão por excelência da subjetividade livre de qualquer restrição, pois esta é ligada à realidade. A cultura nasceria de uma instância e de um lugar marcados pela independência em face de qualquer outra instância, sob a égide de uma criatividade que poderia desabrochar sem obstáculos. O retrato é sem dúvida exagerado, mas traduz a psicologização contemporânea do brincar, que faz dele uma instância do indivíduo isolado das influências do mundo, pelo menos quando a brincadeira real se mostra fiel a essa idéia, recusando, p. ex., qualquer ligação objetiva muito impositiva, caso do brinquedo concebido exteriormente ao ato de brincar. Encontramos aqui de volta o mito romântico tão bem ilustrado em *L'enfant étranger*, de Hoffmann, onde o brinquedo se opõe ao verdadeiro ato de brincar. Alguns autores negam a qualquer construção cultural estável até mesmo o termo "brincadeira", "jogo". Seriam uma apropriação do "brincar", essa dinâmica essencial ao ser humano.

Concepções como essas apresentam o defeito de não levar em conta a dimensão social da atividade humana que o jogo, tanto quanto outros comportamentos, não pode descartar. Brincar não é uma dinâmica interna do indivíduo, mas uma atividade dotada de uma significação social precisa que, como outras, necessita de aprendizagem. Desejaríamos, nesta comunicação, explorar as conseqüências desse ponto de vista e dele extrair um modelo de análise da atividade lúdica.

O ENRAIZAMENTO SOCIAL DO JOGO

Brincar supõe, de início, que, no conjunto das atividades humanas, algumas sejam repertoriadas e designadas como "brincar" a partir de um processo de designação e de interpretação complexo. Não é objetivo desta comunicação mostrar que esse processo de designação varia no tempo de acordo com as diferentes culturas. O *ludus* latino não é idêntico ao brincar francês. Cada cultura, em função de analogias que estabelece, vai construir uma esfera delimitada (de maneira mais vaga que precisa) daquilo que numa determinada cultura é designável como jogo. O simples fato de utilizar o termo não é neutro, mas traz em si um certo corte do real, uma certa representação do mundo. Antes das novas formas de pensar nascidas do Romantismo, nossa cultura parece ter designado como "brincar" uma atividade que se opõe a "trabalhar " (ver Aristóteles e Santo Tomás sobre o assunto), caracterizada por sua futilidade e oposição ao que é sério. Foi nesse contexto que a atividade infantil pôde ser designada com o mesmo termo, mais para salientar os aspectos negativos (oposição às tarefas sérias da vida) do que por sua dimensão positiva, que só aparecerá quando a revolução romântica inverter os valores atribuídos aos termos dessa oposição.

Seja como for, o jogo só existe dentro de um sistema de designação, de interpretação das atividades humanas[4]. Uma das características do jogo consiste efetivamente no fato de não dispor de nenhum comportamento específico que permitiria separar claramente a atividade lúdica de qualquer outro comportamento[5]. O que caracteriza o jogo é menos o que se busca do que o modo como se brinca, o estado de espírito com que se brinca. Isso leva a dar muita importância à noção de interpretação, ao considerar uma atividade como lúdica. Quem diz interpretação supõe um contexto cultural subjacente ligado à linguagem, que permite dar sentido às atividades. O jogo se inscreve num sistema de significações que nos leva, p. ex., a interpretar como brincar, em função da imagem que temos dessa atividade, o comportamento do bebê, retomando este o termo e integrando-o progressivamente ao seu incipiente sistema de representação. Se isso é verdadeiro de todos os objetos do mundo, é ainda mais verdadeiro de uma atividade que pressupõe uma interpretação específica de sua relação com o mundo para existir. Se é verdade que

[4] Ver sobre o assunto Jacques Henriot, *Sous couleur de jouer – La métaphore ludique*, Paris: José Corti, 1989.

[5] "O caráter lúdico de um ato não vem da natureza do que é feito, mas da maneira como é feito... O brincar não comporta nenhuma atividade instrumental que lhe seja própria. Ele tira suas configurações de comportamentos de outros sistemas afetivos comportamentais." P. C. Reynold, "Play, language and human evolution", citado por J. S. Bruner, *Le développement de l'enfant – Savoir-faire, savoir dire*, Paris: P.U.F., 1983, p. 223.

há a expressão de um sujeito no jogo, essa expressão insere-se num sistema de significações, em outras palavras, numa cultura que lhe dá sentido. Para que uma atividade seja um jogo é necessário então que seja tomada e interpretada como tal pelos atores sociais em função da imagem que têm dessa atividade.

Essa não é a única relação do jogo com uma cultura preexistente, não é a única que invalida a idéia de ver na atividade lúdica a fonte da cultura. O segundo ponto que gostaríamos de salientar tem seu fundamento na literatura psicológica que atualmente insiste no processo de aprendizagem que torna possível o ato de brincar[6]. Parece que a criança, longe de saber brincar, deve aprender a brincar, e que as brincadeiras chamadas de brincadeiras de bebês entre a mãe e a criança são indiscutivelmente um dos lugares essenciais dessa aprendizagem. A criança começa por se inserir no jogo preexistente da mãe mais como um brinquedo do que como uma parceira, antes de desempenhar um papel mais ativo pelas manifestações de contentamento que vão incitar a mãe a continuar brincando. A seguir ela vai poder tornar-se um parceiro, assumindo por sua vez o mesmo papel da mãe, ainda que de forma desajeitada, p. ex. nas brincadeiras de esconder uma parte do corpo. A criança aprende assim a reconhecer certas características essenciais do jogo: o aspecto fictício, pois o corpo não desaparece de verdade, trata-se de um faz-de-conta; a inversão dos papéis; a repetição que mostra que a brincadeira não modifica a realidade, já que se pode sempre voltar ao início; a necessidade de um acordo entre parceiros, mesmo que a criança não consiga aceitar uma recusa do parceiro em continuar brincando. Há, portanto, estruturas preexistentes que definem a atividade lúdica em geral e cada brincadeira em particular, e a criança as apreende antes de utilizá-las em novos contextos, sozinha, em brincadeiras solitárias, ou então com outras crianças. Não se trata aqui de expor a gênese do jogo na criança, mas de considerar a presença de uma cultura preexistente que define o jogo, torna-o possível e faz dele,

[6] Pode-se certamente citar novamente Jerome Bruner, particularmente em sua tão bela obra *Child's talk: learning to use language*, Oxford: Oxford University Press, 1983, que utilizei do ponto de vista de uma análise do jogo em Gilles Brougère, "How to change words into play", *Communication & Cognition*, vol. 27, n. 3 (1994), pp. 273-286.

mesmo em suas formas solitárias, uma atividade cultural que supõe a aquisição de estruturas que a criança vai assimilar de maneira mais ou menos personalizada para cada nova atividade lúdica.

Que tentam provar esses exemplos senão a idéia de que antes de ser um lugar de criação cultural, o jogo é um produto cultural, dotado de uma certa autonomia? Conseqüentemente o primeiro efeito do jogo não é entrar na cultura de uma forma geral, mas aprender essa cultura particular que é a do jogo. Esquecemo-nos facilmente de que quando se brinca se aprende antes de tudo a brincar, a controlar um universo simbólico particular. Isso se torna evidente se pensarmos no jogo do xadrez ou nos esportes, em que o jogo é a ocasião de se progredir nas habilidades exigidas no próprio jogo. Isso não significa que não se possa transferi-las para outros campos, mas aprende-se primeiramente aquilo que se relaciona com o jogo para depois aplicar as competências adquiridas a outros terrenos não lúdicos da vida. Por isso é necessário aprender a contar antes de participar de jogos que usam os números. O jogo supõe uma cultura específica ao jogo, mas também o que se costuma chamar de cultura geral: os pré-requisitos.

A idéia que gostaríamos de propor e tratar a título de hipótese é a existência de uma cultura lúdica, conjunto de regras e significações próprias do jogo que o jogador adquire e domina no contexto de seu jogo. Em vez de ver no jogo o lugar de desenvolvimento da cultura, é necessário ver nele simplesmente o lugar de emergência e de enriquecimento dessa cultura lúdica, essa mesma que torna o jogo possível e permite enriquecer progressivamente a atividade lúdica. O jogador precisa partilhar dessa cultura para poder jogar.

Tentativa de descrição da cultura lúdica

Tentaremos definir as características dessa cultura lúdica antes de examinar as relações que ela estabelece com o conjunto da cultura, e as conseqüências que isso pode ter sobre a relação da criança com a cultura numa perspectiva não mais psicológica mas antropológica.

A cultura lúdica é antes de tudo um conjunto de procedimentos que permitem tornar o jogo possível. Com Bateson e Goffman[7] consideramos efetivamente o jogo como uma atividade de segundo grau, isto é, uma atividade que supõe atribuir às significações de vida comum um outro sentido, o que remete à idéia de fazer-de-conta, de ruptura com as significações da vida quotidiana. Dispor de uma cultura lúdica é dispor de um certo número de referências que permitem interpretar como jogo atividades que poderiam não ser vistas como tais por outras pessoas. Assim é que são raras as crianças que se enganam quando se trata de discriminar no recreio uma briga de verdade e uma briga de brincadeira. Isso não é fácil para os adultos, sobretudo para aqueles que em suas atividades quotidianas se encontram mais afastados das crianças. Não dispor dessas referências é não poder brincar. Seria por exemplo reagir com socos de verdade a um convite para uma briga lúdica. Se o jogo é questão de interpretação, a cultura lúdica fornece referências intersubjetivas a essa interpretação, o que não impede evidentemente os erros de interpretação.

A cultura lúdica é, então, composta de um certo número de esquemas que permitem iniciar a brincadeira, já que se trata de produzir uma realidade diferente daquela da vida quotidiana: os verbos no imperfeito, as quadrinhas, os gestos estereotipados do início das brincadeiras compõem assim aquele vocabulário cuja aquisição é indispensável ao jogo.

A cultura lúdica compreende evidentemente estruturas de jogo que não se limitam às de jogos com regras. O conjunto das regras de jogo disponíveis para os participantes numa determinada sociedade compõe a cultura lúdica dessa sociedade e as regras que um indivíduo conhece compõem sua própria cultura lúdica. O fato de se tratar de jogos tradicionais ou de jogos recentes não interfere na questão, mas é

[7] Gregory Bateson, "A theory of play and fantasy", in: *Steps of an ecology of mind*, St. Albans, Herts, Al: Paladin, 1973. Erving Goffman, *Frame analysis – an essay of the organization of experience*, Nova York: Harper and Row, 1974.

preciso saber que essa cultura das regras individualiza-se, particulariza-se. Certos grupos adotam regras específicas. A cultura lúdica não é um bloco monolítico mas um conjunto vivo, diversificado conforme os indivíduos e os grupos, em função dos hábitos lúdicos, das condições climáticas ou espaciais.

Mas a cultura lúdica compreende o que se poderia chamar de esquemas de brincadeiras, para distingui-los das regras *stricto sensu*. Trata-se de regras vagas, de estruturas gerais e imprecisas que permitem organizar jogos de imitação ou de ficção. Encontram-se brincadeiras do tipo "papai e mamãe" em que as crianças dispõem de esquemas que são uma combinação complexa da observação da realidade social, hábitos de jogo e suportes materiais disponíveis. Da mesma forma, sistemas de oposições entre os mocinhos e os bandidos constituem esquemas bem gerais utilizáveis em jogos muito diferentes. A cultura lúdica evolui com as transposições do esquema de um tema para outro.

Finalmente, a cultura lúdica compreende conteúdos mais precisos que vêm revestir essas estruturas gerais, sob a forma de um personagem (*Superman* ou qualquer outro) e produzem jogos particulares em função dos interesses das crianças, das modas, da atualidade. A cultura lúdica se apodera de elementos da cultura do meio-ambiente da criança para aclimatá-la ao jogo.

Essa cultura diversifica-se segundo numerosos critérios. Evidentemente, em primeiro lugar, a cultura em que está inserida a criança e sua cultura lúdica. As culturas lúdicas não são (ainda?) idênticas no Japão e nos Estados Unidos. Elas se diversificam também conforme o meio social, a cidade e mais ainda o sexo da criança. É evidente que não se pode ter a mesma cultura lúdica aos 4 e aos 12 anos, mas é interessante observar que a cultura lúdica das meninas e dos meninos é ainda hoje marcada por grandes diferenças, embora possam ter alguns elementos em comum.

Pode-se analisar nossa época destacando as especificidades da cultura lúdica contemporânea, ligadas às características da experiência lúdica em relação, entre outras, com o meio-ambiente e os suportes de que a criança dispõe. Assim desenvolveram-se formas solitárias de jogos, na realidade interações sociais diferidas através de objetos portadores de ações e de significações. Uma das características de nosso tempo é a multiplicação dos brinquedos[8]. Pode-se evocar alguns exemplos como a importância que adquiriram os bonecos, freqüentemente ligados a universos imaginários, valorizando o jogo de projeção num mundo de miniatura. Esse tipo de jogo não é novo, entretanto a cultura lúdica contemporânea enriqueceu e aumentou a importância dessa estrutura lúdica. Não podemos deixar de citar os *videogames*: uma nova técnica cria novas experiências lúdicas que transformam a cultura lúdica de muitas crianças. Tudo isso mostra a importância do objeto na constituição da cultura lúdica contemporânea.

A produção da cultura lúdica

Seria interessante tentar levantar hipóteses sobre a produção dessa cultura lúdica. Na realidade, como qualquer cultura, ela não existe pairando acima de nossas cabeças, mas é produzida pelos indivíduos que dela participam. Existe na medida em que é ativada por operações concretas que são as próprias atividades lúdicas. Pode-se dizer que é produzida por um duplo movimento interno e externo. A criança adquire, constrói sua cultura lúdica brincando. É o conjunto de sua experiência lúdica acumulada, começando pelas primeiras brincadeiras de bebê evocadas anteriormente, que constitui sua cultura lúdica. Essa experiência é adquirida pela participação em jogos com os companheiros, pela observação de outras crianças (podemos ver no recreio os pequenos olhando os mais velhos antes de se lançarem por sua vez na mesma brincadeira), pela manipulação cada vez maior de objetos de

[8] Sobre a análise do brinquedo moderno pode-se consultar Gilles Brougère (dir.), *Le jouet, autrement*, n. 133, novembro de 1992, Brian Sutton-Smith, *Toys as culture*, Nova York: Gardner Press, 1986, Stephen Kline, *Out of the garden – Toys and children's culture in the age of TV marketing*, Toronto: Garamond Press, Londres: verso, 1993.

jogo. Essa experiência permite o enriquecimento do jogo em função evidentemente das competências da criança, e é nesse nível que o substrato biológico e psicológico intervém para determinar do que a criança é capaz. Os jogos de ficção supõem a aquisição da capacidade de simbolização para existirem. O desenvolvimento da criança determina as experiências possíveis, mas não produz por si mesmo a cultura lúdica. Esta origina-se das interações sociais, do contacto direto ou indireto (manipulação do brinquedo: quem o concebeu não está presente, mas trata-se realmente de uma interação social). A cultura lúdica como toda cultura é o produto da interação social[9] que lança suas raízes, como já foi dito, na interação precoce entre a mãe e o bebê.

Isso significa que essa experiência não é transferida para o indivíduo. Ele é um co-construtor. Toda interação supõe efetivamente uma interpretação das significações dadas aos objetos dessa interação (indivíduos, ações, objetos materiais), e a criança vai agir em função da significação que vai dar a esses objetos, adaptando-se à reação dos outros elementos da interação, para reagir também e produzir assim novas significações que vão ser interpretadas pelos outros. A cultura lúdica, visto resultar de uma experiência lúdica, é então produzida pelo sujeito social. O termo "construção" é mais legitimamente empregado em Sociologia, mas percebe-se aqui uma dimensão de criação, se concordarmos sobre a definição desse termo. Voltaremos ao assunto.

Mas a cultura lúdica, mesmo que esse isolamento conceitual corresponda mais a uma necessidade de clareza na exposição do que a uma realidade, é também objeto de uma produção externa. De fato, essa experiência se alimenta continuamente de elementos vindos do exterior, não oriundos do jogo. A cultura lúdica não está isolada da cultura geral. Essa influência é multiforme e começa com o ambiente, as condições materiais. As proibições dos pais, dos mestres, o espaço colocado à disposição da escola, na cidade, em casa, vão pesar sobre

[9] Referimo-nos de maneira implícita à corrente do interacionismo simbólico, tal como vem definido em Herbert Blumer, *Symbolic interactionism – perspective and method*, [1969], Berkeley: University of California Press, 1986.

a experiência lúdica. Mas o processo é indireto, já que aí também se trata de uma interação simbólica, pois, ao brincar, a criança interpreta os elementos que serão inseridos, de acordo com sua interpretação e não diretamente.

Alguns elementos parecem ter uma incidência especial sobre a cultura lúdica. Trata-se hoje da cultura oferecida pela mídia, com a qual as crianças estão em contato: a televisão e o brinquedo. A televisão assim como o brinquedo transmitem hoje conteúdos e às vezes esquemas que contribuem para a modificação da cultura lúdica que vem se tornando internacional. Mas, embora arriscando-me a repetir, eu diria que o processo é o mesmo. *Barbie* intervém no jogo na base da interpretação que a criança faz das significações que ela traz[10]. De uma certa forma esses novos modos de transmissão substituíram os modos antigos de transmissão oral dentro de uma faixa etária, propondo modelos de atividades lúdicas ou de objetos lúdicos a construir. Não estamos dizendo que o sistema antigo foi menos impositivo, de forma alguma.

Na realidade, há jogo quando a criança dispõe de significações, de esquemas em estruturas que ela constrói no contexto de interações sociais que lhe dão acesso a eles. Assim ela co-produz sua cultura lúdica, diversificada conforme os indivíduos, o sexo, a idade, o meio social. Efetivamente, de acordo com essas categorias, as experiências e as interações serão diferentes. Meninas e meninos não farão as mesmas experiências e as interações (com os brinquedos que ganham, p. ex.) não serão as mesmas. Então, portadores de uma experiência lúdica acumulada, o uso que farão dos mesmos brinquedos será diferente. Observamos meninas e meninos brincando com bonecos fantásticos idênticos (da série *He-Man, Mestres do Universo*) Os meninos inventavam jogos de guerra bastante semelhantes a outros jogos com outros objetos, já as meninas, em numerosos casos, utilizavam os bonecos para reproduzir os atos essenciais da vida quotidiana (comer, dormir...), reproduzindo os esquemas de ação usados com as bonecas. Descobre-se assim uma

[10] A esse respeito ver Gilles Brougère, "Désirs actuels et images d'avenir dans le jeu", in: *L'éducation par le jeu et l'environnement*, n. 47, 3. trimestre 1992.

combinação, uma negociação entre as significações veiculadas pelos objetos lúdicos e as de que as crianças dispõem graças à experiência lúdica anterior.

Evidentemente deve-se desconfiar das palavras que usamos e evitar que a cultura lúdica se constitua em substância: ela só existe potencialmente: trata-se do conjunto de elementos de que uma criança pode valer-se para seus jogos. Da mesma maneira que a linguagem com suas regras e palavras, ela existe apenas como virtualidade.

Mas o jogo deixa menos marcas que a linguagem, e há os que pensam que ele só pode ser associado à subjetividade de um indivíduo que obedece ao princípio do prazer. Trata-se de fato de um ato social que produz uma cultura (um conjunto de significações) específica e ao mesmo tempo é produzido por uma cultura.

Limitamo-nos à cultura lúdica infantil, mas existe também uma cultura lúdica adulta, e é preciso igualmente situá-la dentro da cultura infantil, isto é, no interior de um conjunto de significações produzidas para e pela criança. A sociedade propõe numerosos produtos (livros, filmes, brinquedos) às crianças. Esses produtos integram as representações que os adultos fazem das crianças, bem como os conhecimentos sobre a criança disponíveis numa determinada época. Mas o que caracteriza a cultura lúdica é que apenas em parte ela é uma produção da sociedade adulta, pelas restrições materiais impostas à criança. Ela é igualmente a reação da criança ao conjunto das propostas culturais, das interações que lhe são mais ou menos impostas. Daí advém a riqueza, mas também a complexidade de uma cultura em que se encontram tanto as marcas das concepções adultas quanto a forma como a criança se adapta a elas. Os analistas acentuam, então, uns, o condicionamento, outros, a inventividade, a criação infantil. Mas o interessante é justamente poder considerar os dois aspectos presentes num processo complexo de produção de significações pelas crianças. É claro que o jogo é controlado pelos adultos por diferentes meios, mas há na interação lúdica, solitária e coletiva, algo de irredutível aos constrangimentos e suportes iniciais: é a reformulação disso pela interpretação da criança, a abertura à produção de significações inassimiláveis às condições preliminares.

ALGUMAS CONSEQÜÊNCIAS DE NOSSA ANÁLISE

Que conseqüências extrair desta rápida análise que tinha por objetivo fornecer um quadro de referências a uma interpretação socioantropológica do jogo?

O jogo é antes de tudo o lugar de construção (ou de criação, mas esta palavra é, às vezes, perigosa!) de uma cultura lúdica. Ver nele a invenção da cultura geral falta ainda ser provado. Existe realmente uma relação profunda entre jogo e cultura, jogo e produção de significações, mas no sentido de que o jogo produz a cultura que ele próprio requer para existir. É uma cultura rica, complexa e diversificada.

Mas esse jogo, longe de ser a expressão livre de uma subjetividade, é o produto de múltiplas interações sociais, e isso desde a sua emergência na criança. É necessária a existência do social, de significações a partilhar, de possibilidades de interpretação, portanto, de cultura, para haver jogo. Isso supõe encontrar uma definição mais restritiva que o habitual para a palavra *jogo*, e separá-lo, como fazem cada vez mais os pesquisadores[11], da exploração – comportamento (comportamento de exploração) encontrado no animal e no homem, e que pode ser anterior à emergência de uma interação social. Para nós, acompanhando nesse ponto Bateson, o jogo supõe um acordo a respeito do estatuto da comunicação, não sendo impossível que certas espécies animais sejam capazes desse comportamento social elementar. Mas acima de seu substrato natural, biológico, o jogo, como qualquer atividade humana, só se desenvolve e tem sentido no contexto das interações simbólicas, da cultura.

Que é feito então da criatividade atribuída ao jogo desde a revolução romântica? Se definirmos a noção de criatividade a partir das teses de Chomsky[12], poderemos retomar essa questão relativamente

[11] Ver, por exemplo, S. John Hutt *et alii*, *Play, exploration and learning – A natural history of pre-school*, Londres : Routledge, 1989.

[12] N. Chomsky, *La linguistique cartésienne* [1966], tr. fr. Paris: Le Seuil, 1969. Segundo esse autor, há dois tipos de criatividade, aquela que modifica as regras, freqüentemente considerada com exclusão da outra, e a que é engendrada pelas próprias regras. Chomsky mostrou

ao jogo. A partir de palavras e estruturas gramaticais conhecidas, o locutor pode pronunciar enunciados que jamais ouviu, que são novos para ele, embora milhares de outras pessoas possam tê-los pronunciado antes dele. Esse exemplo permite-nos redefinir a noção, que se tornou usual, de criatividade. Ela é compatível com a noção de regra, pois nasce do respeito de um conjunto de regras. É essencial e corrente na língua. A criatividade é a possibilidade de usar a linguagem para produzir enunciados pessoais, específicos, novos, e não a de repetir enunciados ouvidos ou aprendidos, seja qual for o valor intrínseco desses enunciados. Criatividade não significa originalidade. Dizer pela primeira vez, sem tê-lo ouvido antes, um enunciado produzido por outros, milhares de vezes, é usar a dimensão criativa da língua, sem com isso ser original. Cada pessoa pode criar no seu nível pessoal, sem que isso signifique uma criação da humanidade tomada globalmente. Reservar a criatividade à aparição de um enunciado absolutamente novo na história da humanidade seria reduzi-la à exceção. O Romantismo sobrevalorizou a noção de criatividade, associando-a estreitamente à arte, e isso no contexto de uma nova visão da atividade artística de que somos os herdeiros. A arte torna-se o exemplo privilegiado da criatividade e em troca não há verdadeira criatividade fora da arte. Assim, o poder criador da linguagem só se expressaria realmente na poesia. Para Schlegel a língua comum é uma forma de arte primordial, mas só a poesia revela as potencialidades criativas da língua. Não há verdadeiramente criação e imaginação se não houver poesia. Além do mais, a criança e o poeta estão em relação estreita. Relativamente à análise do jogo, é preciso voltar a uma noção não "romantizada" da criatividade. Trata-se de abordar a dimensão criativa do jogo, confe-

---

como, de Descartes a Humboldt, a Lingüística dos séculos XVII a XIX percebeu essa dimensão criativa que a Lingüística moderna nem sempre tomou em consideração. O aspecto criador da língua evidencia, segundo Chomsky, na trilha de Descartes e seus discípulos, a capacidade humana de inovar. Para a Filosofia clássica é essa característica que distingue o homem do autômato ou do animal. A conseqüência é que a língua não fica reduzida a uma função de comunicação (reação adequada a estímulos) mas é igualmente "um instrumento para exprimir livremente o pensamento e para reagir a situações novas" (*op. cit.*, p. 36). É essa característica da língua que permite ao homem evadir-se ao mesmo tempo da situação presente e dos modelos de uso da língua com que está familiarizado. Pode personalizar suas mensagens, evocar o que não existe, inventar, inovar, permanecendo numa situação de comunicação possível, isto é, de ser compreendido por outros, o que supõe o respeito das regras lingüísticas e gramaticais. Criação e respeito às regras caminham lado a lado.

rindo a essa noção o sentido chomskyano da criatividade, aceitando as semelhanças entre jogo e linguagem. Aceitemos a banalidade da criatividade. Segundo esse modelo, quem brinca se serve de elementos culturais heterogêneos para construir sua própria cultura lúdica com significações individualizadas.

Resta uma última questão, a de saber se o jogo poderia ser um meio privilegiado de acesso à cultura. É indiscutível que a cultura lúdica participa do processo de socialização da criança. Deve-se considerar que sua contribuição é essencial? Parece-me difícil de provar. Os que defendem esse ponto de vista parecem movidos mais pelo interesse pelo jogo do que por resultados científicos. Mas dizer que o jogo e a cultura lúdica contribuem para a socialização nada significa, na medida em que se pode dizer o mesmo de todas as experiências da criança. A título de hipótese pode-se ir mais longe. A importância das diferenças sexuais na cultura lúdica pode indicar-nos o papel que ela pode representar na construção da identidade sexual[13]. Mas parece-me interessante ressaltar um outro aspecto mais estrutural. O processo usado na construção da cultura lúdica tem todos os aspectos mais complexos da construção de significações pelo ser humano (papel da experiência, aprendizagem progressiva, elementos heterogêneos provenientes de fontes diversas, importância da interação, da interpretação, diversificação da cultura conforme diferentes critérios, importância da criatividade no sentido chomskyano), e não é por acaso que o jogo freqüentemente é tomado como modelo de funcionamento social pelos sociólogos. Pode-se então considerar que através do jogo a criança faz a experiência do processo cultural, da interação simbólica em toda a sua complexidade. Daí a tentação de considerá-lo sob diversas formas como origem da cultura. Pode-se imaginar que isso não pode ocorrer sem produzir aprendizagens nesse campo, o que coloca o problema delicado da transferenciabilidade. Seja como for, a experiência lúdica aparece como um processo cultural suficientemente rico em si mesmo para merecer ser analisado mesmo que não tivesse influência sobre outros processos culturais mais amplos.

---

[13] Sobre esse assunto, cf. Pierre Tap, *Masculin et féminin chez l'enfant*, Toulouse: Privat, 1985.

Os "livros-vivos" franceses. Um novo paraíso cultural para nossos amiguinhos, os leitores infantis

Jean Perrot
Université Paris-Nord
Tradução de Francisca Azevedo de Aguiar

O objetivo deste artigo é fornecer ao leitor amostras de livros infantis de diversos países europeus, assim como apresentar-lhe uma abordagem teórica da literatura infantil. Proponho-me a explorar as possibilidades oferecidas atualmente aos jovens leitores de manusear e aprender itens culturais por meio de interessantíssimos livros ilustrados – os "livros-vivos". Indubitavelmente, o cenário internacional de "livros-surpresa" é ainda dominado pelos mestres americanos ou ingleses (como já o foi pelos alemães), mas existem jovens talentos franceses que exibem um magnífico impulso criativo e uma grande atração pelo que continua sendo uma mina de ouro. Gostaria de salientar as tendências que demonstram uma nova conscientização por parte de nossos criadores de arte e de nossas editoras, mostrando como a sensibilidade do público leitor moderno encontra-se profundamente afetada pelo espírito das brincadeiras e dos jogos. Mostrarei também que as formas que esses livros assumem realçam e estimulam o gosto pela leitura, por prenderem o leitor ao prazer do mundo encantado das "surpresas" literárias. Este artigo permitir-me-á reforçar várias idéias essenciais da pesquisa em que me encontro engajado há alguns anos.

A LEITURA E O FAZ-DE-CONTA LITERÁRIO

Acredito não precisar insistir muito em certos fatos como, por exemplo, na evidência de que as dificuldades de leitura não podem ser inteiramente explicadas através de referências sistemáticas ao ambiente social da criança, pois são, em parte, conseqüência de uma disfunção afetiva dentro do seio da própria família. Com relação a isso, vemos que o modo como os livros são apresentados e a desdramatização do ato de ler, reforçados pelos "livros-vivos", devem ser levados em conta como parte das estratégias para atrair os não-leitores, pois a aparente gratuidade e a aparência de brinquedo desses objetos fornecem-lhes a qualidade de presente e de distração, tirando-os do contexto das obrigações e dos trabalhos escolares e, aparentemente, oferecendo um alívio para o cansativo jogo de integração cultural.

Em segundo lugar, que o prazer de ler que se fundamenta no faz-de-conta é constantemente antecipado pela dinâmica das invenções editoriais. A fim de sobreviverem, os editores são levados a inventar, incessantemente, novos objetos, expressando, assim, mais preocupação profissional com o lucro do que com o crescimento intelectual da criança. A inovação técnica, porém, fundamentada no prazer dos próprios criadores, serve, então, para promover o desenvolvimento completo da ilusão literária, que, em nossas sociedades, governadas culturalmente pelo príncipio do prazer, depende da crescente importância do lúdico. É preciso lembrar que a palavra <<ilusão>> vem do latim <<in ludo>>, que significa <<brincando>>. E sabe-se que a leitura e o faz-de-conta estão associados à decodificação dos signos lingüísticos. Embora esses ofereçam uma abertura para a abstração, acabam tornando o processo difícil para os leitores não familiarizados com os códigos culturais dominantes, segundo os quais as constelações de imagens e de sistemas são compreendidos como substitutos daqueles objetos, que são colocados de lado, simplesmente por encontrarem-se ausentes.

Os "livros-vivos" e as imagens são ferramentas e mediadores que entram no lúdico, ajudando o leitor a "deslizar", por assim dizer, pelo "prazer do texto", indo de um universo tri-dimensional para um bi-dimensional, governado por convenções pictóricas, tais como a lei da perspectiva, ou outros processos abstratos. O prazer do leitor vem da compreensão implícita dessas leis que governam o campo da representação, pois os brinquedos, se concordarmos com as teorias de Winnicott em *O brincar e a realidade*, são substitutos simbólicos para o corpo da mãe. Freud, na sua consideração básica sobre a psicologia da brincadeira, na famosa análise de <<Fort-da>> ou de <<reel game>> – "o jogo de balançar" em *Beyond the pleasure principle (Além do princípio do prazer)* (1920-1953-1974), também demonstra a gratificação alucinatória obtida por meio desse processo. Do mesmo modo, toda produção de faz-de-conta precisa ser compreendida funcionalmente: imagens e representações têm a função de reatualizar as figuras de autoridade, que tornam a autonomia possível. Do corpo e da pele da mãe para o andador e daí para o ursinho de pelúcia, a boneca ou outro brinquedo e, a partir deles, para imagens ou sistemas incorporados aos livros. Consegue-se a transferência de um significado pelo poder da imaginação, tendo nosso mundo concreto como ponto de partida para um mundo mais abstrato e subjetivo. Os cenários e os livros animados brincalhões são espécies de <<quartos-fechados>>, mundos intermediários, que suprem a segurança perdida, negada pela perda do mundo real. Alguns livros feitos de pelúcia proporcionam prazeres equivalentes àqueles obtidos pelo contato com a pele da mãe, e livrinhos de borracha macia, tais como *J'ai faim (Estou com fome)* e *J'aime l'eau (Gosto de água)*, de Benedicte Guettier (Loulou et Compagnie, École des Loisirs, 1994), podem ser "lidos" no banho. O primeiro deles mostra um peixinho que vai comendo animais e objetos cada vez maiores, ao mesmo tempo em que se torna, também, cada vez maior; o segundo, mostra um gatinho que passa por várias situações que o fazem ter contato com água e que, no final, sofre uma mutação simbólica, passando do mero prazer físico dos exercícios corporais (um dos primeiros estágios das brincadeiras infantis, de acordo com o psicólogo suíço, Jean Piaget) para o prazer oral, quando o gato declara que prefere sorvete a água!

Outras substâncias plásticas diferentes conseguem outro tipo de gratificação psicológica, ao unirem leitura e sensação digital, fazendo com que a compreensão surja de conexões sutis. Por exemplo, *Oiseau rouge (Pássaro vermelho)* de Patrick Fort (Chardon Bleu et Laurence Olivier Four Editions, 1987) mostra um avião voando por um céu tempestuoso, onde encontra patos selvagens e, finalmente, consegue aterrisar com serenidade. É um livro montado por estruturas levemente salientes que podem ser palpadas com os dedos e que vêm acompanhadas por sinais em *braile* (Jean Perrot e Rhonda Bunbury, 1994). O leitor encontra-se a meio caminho entre a leitura propriamente dita e a exploração concreta convencional de um espaço imaginado. Tais livros, no entanto, não se "mexem" no sentido exato da palavra, mas, ao se voltarem para um universo tridimensinal, diferenciam-se dos livros comuns e encaixam-se no campo dos brinquedos, criando um tipo de cumplicidade baseada em formas primitivas de leitura. Podemos também mencionar a pequena série Hatier de livros ilustrados, de 1991, de Grégoire Solotareff, *Bébé ours (Bebê urso)* ou *Bébé lapin (Bebê coelho)* etc., com páginas denteadas revelando objetos significativos: o Sol, a garrafa de leite, etc., que são emblemáticos das cenas mostradas nas páginas. Há também uma publicação do mesmo artista para a École des Loisirs, os livros da Loulou et Compagnie, de 1993-1994, que têm o formato do animal ou da coisa que pretendem representar (um crocodilo, um barco, um carro, etc.). *Bobby* e *Jack*, produzidos por Nadja, irmã de Grégoire Solotareff, também têm, respectivamente, as formas de um coelho e de um urso. Finalmente, "livros de palavras cruzadas", como *Jeux de lettres (Jogo de palavras)*, de Lionel Koechlin (Circonflexe, 1990), tendem para uma total desconstrução lúdica do livro, exatamente daqueles elementos responsáveis pela formação do sentido. Os livros e os brinquedos parecem, assim, "fantasmaticamente" combinados para dar a ilusão de cumplicidade entre desenhistas e contadores de histórias a serviço da causa da infância e do estímulo à leitura...

A TERRA ENCANTADA DAS SURPRESAS

O passo seguinte da verdadeira <<animação>> das imagens se dá com livros como *Archimboldo,* concebido por Véronique Grange-Spahis e Sylvie Ducas para a coleção L'art qui Bouge (Arte Móvel), Fleurus Idées, 1995, que mostra uma espécie de desconstrução do famoso quadro de Archimboldo, *Verão*, reduzido progressivamente aos seus menores elementos: para se ter a ilusão de movimento basta folhear rapidamente as páginas do livro e o quadro parece, surpreendentemente, se compor ou, simetricamente, se decompor – os vegetais que formam o rosto do homem no quadro parecem se soltar. Na última página, o homem parece fazer uma careta irônica para a brincadeira espirituosa, que se apresenta como um verdadeiro truque de mágica no texto. A história começa como um conto de fadas, sendo a abertura feita por três avelãs que parecem constituir o trunfo da personagem, "a noz", e que são apresentadas por uma espécie the cantiga de ninar:

"Une, deux, trois noisettes...
Cric, crac, croc je les croque"
(Uma, duas, três avelãs...
crique, craque, croque, quebro)

Então aparecem as duas cerejas, que no quadro ficam em cima das avelãs:

"Deux petites cerises
exquises
au bout de leur tige
voltige"
(Duas pequenas cerejas
vermelhas
na ponta das hastes volteiam)

Charadas sucessivas levam o leitor à pergunta final: "Quem é você?" Assim, o humor desconstrutivo revela um aspecto constitutivo da "leitura", que desperta antecipadamente o interesse do leitor, quando esse apreende as associações inesperadas, o que explica por que os leitores sorriem quando manuseiam o pequeno livro de Véronique Grange-Spahis.

Podemos encontrar outro tipo de livro <<móvel>> bem simples e eficiente na série *Mes premières decouvertes* (*Minhas primeiras descobertas*), editada pela Gallimard, que recebeu o prêmio de não-ficção por essa série, na feira do livro de Bolonha, em 1989. Um desses livros, *Le temps (O clima)*, de Sophie Kniffke, 1991, continuando na mesma linha do último livro que mencionamos, mostra as diferentes estações do ano ilustradas por cenas exteriores dispostas em páginas duplas inteiriças, entre as quais se move uma película transparente, que revela partes da paisagem nelas pintadas. Assim, pode-se ver como o arco-íris nasce e cruza o horizonte de uma extremidade a outra; ou se ter a ilusão de uma pipa voando e sumindo na distância. Nesse caso, o objetivo do estratagema é provocar admiração frente à descoberta de movimentos e regras secretas da cena revelada pela película; já no caso de outro livro da série, intitulado *O ovo*, que mostra como o pintinho se desenvolve dentro da casca e, finalmente, quebra-a para sair, a intenção é explicar os mistérios da vida.

Esses livros são realmente "monstros" no sentido latino da palavra, que significa etimologicamente "monstrare", isto é, "mostrar". Eles colocam em evidência o que normalmente não faz parte da consciência convencional do leitor na construção do universo dos sentidos e de suas personalidades. Assim, consegue-se despertar uma sensação imediata nas crianças, cuja cumplicidade é representada por meio de uma piscadela verdadeira de uma das personagens, como acontece em *Un sourire s'il vous plaît* (*Sorria, por favor*), outro tipo de livro ilustrado de Jean Claverie (Albin Michel, 1986). Nas páginas desse álbum, pode-se ver um fotógrafo, em um parque de diversão, tirando fotos de personagens em um painel de foto-montagem, em que apenas os rostos são visíveis; mas ao se abrir as abas da cartolina, revelam-se maliciosamente aspectos inesperados dos trajes. Por exemplo, o porco, que parecia um general numa bela roupa militar, veste um macacão sujo embaixo da farda, etc. A zombaria dirigida à personagem pomposa tem características da irreverência do humor popular, que provoca sorrisos no leitor ingênuo.

Essas características exercem sua influência através de vários artifícios repetitivos como, por exemplo, em *Je veux ma maman (Quero a mamãe),* também de Jean Claverie (Albin Michel, 1986), o menino, que procura desesperadamente pela mãe, aparece, sucessivamente, chamando diferentes fêmeas de animal de "mamãe": uma porca, uma macaca, uma canguru. Tentando escapar dos ternos carinhos da primeira, que o lambe maternalmente, ele reclama: "Você não é a mamãe! Onde está minha mamãe?" O menino está desenhado numa aba de cartolina, que se abre e deixa o leitor ver o filhote certo embaixo dela: um porquinho, que parece muito satisfeito com a aflição amorosa do menino. Esse desdobramento vai revelando as posições adequadas que, presumivelmente, se deve assumir para conseguir felicidade na vida. Mais adiante, o menino, que por engano parecia ter encontrado refúgio na bolsa de uma canguru, é substituído pelo legítimo dono do lugar, quando a imagem escondida aparece. Finalmente, quando o menino-herói encontra sua verdadeira mãe, primeiro, ele aparece correndo em direção a ela com os braços abertos e, então, sob a aba, vemos a mãe ajoelhada, abraçando-o fortemente. Nesse caso, a leitura corresponde à satisfação progressiva de um profundo desejo – a fusão amorosa primitiva com o corpo materno, cuja satisfação é protelada, ficando mais aflitiva por causa do suspense brincalhão. Como em *Archimboldo,* o cenário baseia-se, também, num jogo de <<adivinhação e descobertas>> e na surpresa da revelação final. O que melhor ilustra a "surpresa" no folclore infantil francês são as caixas, chamadas de sacolinhas, vendidas em padarias ou supermercados, e que são abertas com uma alegria ansiosa, só pelo fato de a criança pensar nos presentes inesperados: brinquedos e doces que poderá encontrar. Tal fato expressa a vibração e dependência da criança ao receber o presente do adulto – um substituto transacional típico para o sentimento de inclusão recíproca dual, dentro do sistema familiar. É um marco que ilustra o funcionamento seguro e feliz da imaginação infantil, e permite que a criança dê os primeiros passos decisivos de sua iniciação cultural, como demonstrei em *Du jeu, des enfants et des livres (O brincar, o jogar, as crianças e os livros)* de 1987.

Celebrando os rituais infantis

Jean Cleverie consegue um excelente resultado ao fazer a integração lúdica do relacionamento afetivo, como mostra o livro *Toc, toc, (Toque, toque)* de Albin Michel (1986). Nessa história, cada novo personagem que aparece traz um presente. Quando chega o primeiro, que é o camundongo, a parte de cima da porta, imitando vidro, parece vazia e não deixa que o leitor adivinhe nada: a personagem é muito pequena e fica oculta pela estrutura de cartolina que supostamente a deixaria entrar. Na segunda página, o camundongo é mostrado no extremo oposto da sala, quando o gato bate na porta. O pacote e a personagem são maiores dessa vez e dá para ver o primeiro através da parte superior da porta. Esse gato, logo será seguido por um cachorro. Como o pacote torna-se maior, assim como cada animal que chega, o leitor é levado a especular quem será o último convidado. Esse último visitante, não poderá ser identificado pelo seu pacote, que seria grande demais, então o será por um círculo enigmático, representado dentro da moldura vitrificada da porta. O leitor adivinhará corretamente, quando tiver em mente a lógica da série crescente, pois o círculo é o olho de um elefante, e esse carrega um pacote enorme. Quando mostro o livro para adultos, geralmente experimento o prazer malicioso do autor, que tenta frustar a expectativa do leitor: surpreendentemente, percebe-se até que ponto a leitura é realmente uma questão de projeção pessoal, pois ao verem o círculo na página, freqüentemente dirão que ele representa o olho da mãe, a Lua, ou uma coruja, esquecendo-se de que a série limitou-se a mostrar animais que se tornavam cada vez maiores. É claro que as outras soluções são bastante possíveis, mas pressupõem outras regras de progressão, sendo que as crianças geralmente atêm-se à primeira solução, já que são especialmente sensíveis a animais; enquanto que os adultos, imaginando que o último visitante é uma mãe, projetam suas preocupações paternais nas imagens.

A cena final é muito persuasiva para os pequeninos, pois mostra o grupo todo de convidados animais em volta da criança que está sentada ao lado de um enorme bolo, celebrando seu aniversário. A criança, como rainha da festa, é uma situação-chave na representação lúdica dos "livros- vivos" contemporâneos, nos quais a cena final fornece ao leitor a surpresa desejada, a verdadeira gratificação da leitura. Nesse caso, a ficção reforça um sistema estrutural, cujo maior lucro, além do prazer dos relacionamentos afetivos, parece ser a integração de processos cognitivos, como fica mais evidente no caso dos "livros-vivos" que revelam séries de animais e que têm como objetivo ensinar as crianças a contar até dez. Em minha opinião, nenhum outro livro, nesse campo, se iguala ao maravilhoso e recente *One to ten pop-up surprise (Um, dois, três, "livro-vivo – surpresa")*, publicado por Chuck Murphy, em 1995 (Santa Fé, Novo México, EUA: White Heat Ltd.). Em todos esses livros, o estímulo intelectual baseia-se no movimento das estruturas de papelão, concordando implicitamente com o método de Georg Groddeck, demonstrado em *Das buch om es* (Groddeck, 1923), de alcançar e agir no "eu inconsciente" do leitor, o "id", em vez de no "eu consciente".

O mundo encantado das surpresas é aquele da cultura e, na França, encontrar-se-á outro exemplo de iniciação cultural beneficiada pelas coleções de livros de arte concebidos no padrão do *Arlequinade* de Robert Sayer, de 1765. Esse livro consiste em páginas divididas em tiras horizontais, um dispositivo que permite ao leitor construir e vestir personagens misturando e trocando as diferentes partes de seus corpos (Baudouin van Steenberghe, 1994, 12). Esse mesmo esquema é adotado numa coleção de livros de arte, *L'art en jeu*, produzida para o L'Atelier des Enfants du Musée d'Art Moderne (Centro Georges Pompidou, em Paris) por Sophie Curtil. Por exemplo, no livro *La tour*

Eiffel (A torre Eiffel) de Robert Delaunay, (1987), a desmontagem do quadro do pintor se processa por meio da projeção de diversas abas e através da sobreposição de duas frases significativas. A segunda delas diz:

"Avec des lignes et des couleurs (Com linhas e cores)
l'artiste peint (o artista pinta)
le tableau (o quadro)."

E a próxima diz:

"D'un bout à l'autre (De uma ponta à outra)
le peintre construit (o pintor constrói)
la tour Eiffel (a torre Eiffel)."

Os outros livros bem sucedidos da coleção, como *Magritte, le double secret (Maigritte, o duplo segredo)* e *Braque femme à la guitarre (Mulher de braque com violão),* seguem princípios similares utilizando-se da brincadeira de desdobrar as páginas com "surpresas gráficas" e "jogos gráficos" que, presumivelmente, despertarão o interesse da criança por museus e que, com certeza, já fazem a delícia dos jovens leitores. Esses livros, temos de reconhecer, tendem a recorrer mais a estímulos intelectuais do que a afetivos; sendo que os melhores "livros-vivos" são aqueles que oferecem ao leitor um prazer maior do que a mera descoberta de "surpresas" através da celebração pessoal de uma festa de aniversário. São aqueles que tratam dos mitos sociais, como por exemplo, a entrega de presentes de Natal. Entre esses, *Santa Claus's surprises (As surpresas de Papai Noel)* continua sendo uma das mais admiráveis produções do gênero, mostrando que o melhor presente para as crianças da classe média da época era o prazer esquecido do dia-a-dia. Os "livros-vivos" ainda surpreendem as crianças ricas, em sociedades onde as benesses da "classe privilegiada" do século XIX, para usar o termo de Thorsten Veblen alcançam um número maior de "consumidores". É preciso lembrar que tais prazeres continuam inacessíveis à maioria das crianças do mundo.

O território das diabruras

Se o objetivo dos brinquedos e dos jogos é, parcialmente, canalizar a agitação infantil e assegurar a homeostase cultural que regula a dependência recíproca entre adultos e crianças, por meio da representação simbólica da fusão indistinta do grupo familiar (Perrot, 1992), é importante irmos até o outro extremo do faz-de-conta e pensarmos sobre aquelas crianças que questionam a "Lei do Pai" e recorrem à violência como expressão de liberdade. A melhor maneira de fugir das regras normalmente aceitas pelo grupo é por meio de diabruras. As traquinagens e o humor cruel são formas de violência toleradas, já que têm como objetivo contestar ou avaliar alguns elementos da cultura em questão, conforme mostrará um exame minucioso das *Cartas de Papai Noel*, de J.R.R: Papai Noel e o Urso Polar representam as duas personagens polares do reino imaginário de Tolkien, o primeiro presenteando com as surpresas de praxe, e o segundo fazendo o papel do garoto brigão e do Senhor da Desordem. E a melhor travessura do urso ocorre quando esse vai, como se fosse uma criança malcomportada, até o "buraco dos fogos de artifício" – onde estão guardadas milhares de caixas de "bombinhas" – e ali derruba uma vela, provocando uma queima de fogos magnífica, que faz lembrar uma espécie de Destronamento bakhtiniano do Rei Momo. No campo social, a queima de fogos, por meio de forças contestadoras ou de crianças desregradas, é análogo à habilidade dos adultos em utilizar a chaminé da lareira, no Natal, para demonstrar sua força através da mágica poderosa dos presentes e das supresas.

Os cenários de destruição e de humor negro, que expressam a negação impertinente da ordem social, aparecem nos "livros-vivos" de uma forma muito simples e especial. Por exemplo, *Sacrée famille (Que família!),* um dos livros da série de quatro de Amato Soro, publicado pela Syros em 1988, traz, em uma das páginas, duas crianças sorrrindo maliciosamente que parecem estar brincando de cabo-de--guerra – um em cada ponta de uma mesma corda –, mas quando o leitor abre a página, desdobrando-a para a direita, aparece a figura de um avô, e os dois pestinhas são pegos no pulo, cada um puxando uma das pontas do bigode do velho. Em outro quadro, uma mulher parece estar amamentando o bebê com uma mamadeira mas entre os dois surgirá um carro, que estava escondido sob a página dobrada, revelando a verdadeira situação: ela está despejando o conteúdo da mamadeira no tanque do automóvel e a criança está sugando a extremidade da mangueira de gasolina! Em outra cena, uma pessoa descuidadamente arremessa latas de conserva em um carrinho vazio; mas um segundo carrinho aparece nas "asas" da página, mostrando uma criança soterrada por verduras e sacolas de mercado... A família da criança que, no começo, está sendo fotografada, também desaparece simbolicamente em uma armadilha, que havia sido escondida pelo fotógrafo sob a aba dobrada.

A impressão geral causada por tais livros ilustrados é de uma "estranheza freudiana inquietante", já que o cenário tende a retratar o desempenho de meros fantasmas agressivos, disfarçados somente pelo excesso que pretendem enfatizar. Um dos livros da série até se chama *Estranho*, e mostra uma ação brutal, na qual um homem, tomando o café da manhã com a família, decepa o crânio do próprio pai, pois fora induzido a pensar ser esse um ovo cozido – somente quando se levanta a aba, pode-se ver o velho com o nariz enterrado na tijela do filho! Tais fantasmas, entretanto, não são meramente gratuitos, pois enfatizam a necessidade da perda na formação da personalidade. Embora ridicularizem grotescamente, também sugerem o processo de integração do "lado obscuro" da psique humana. Não é de estranhar que tais livros caiam no gosto dos jovens, sendo freqüentemente rejeitados pelos adultos pelo excesso de crueldade... Ainda assim, a última personagem desse livro, que salta de trás de uma máscara, não é outra senão a do palhaço – a antítese análoga de Papai Noel, no jogo social.

Assim, pode-se concluir que os "livros-vivos", ao projetarem tais estruturas de papelão, expressam a vontade de realizar sonhos secretos e encontram-se em contraste direto com os buracos recortados nas páginas que, freqüentemente, parecem turbilhões de ciladas psicológicas, que conduzem a abismos simbólicos – como tantas "feridas" – em alguma terra imaginária, onde o sujeito pode acabar se perdendo. Ambos os tipos, entretanto, recorrem à mesma estética que, agora, analisaremos sob outra luz, em livros destinados não a divertir ou distrair mas, somente, a instruir.

Explorando o mundo concreto por intermédio da estética barroca

Um breve exame histórico mostra que os "livros-vivos" originaram-se da estética barroca, com a Revolução de Copérnico e o desenvolvimento da Medicina: um dos primeiros "livros-vivos" de que se tem notícia, *Petri apiani cosmographia,* foi publicado em 1540, em Florença. Embora não tenha sido, explicitamente, concebido para crianças, é formado pela esfera de um globo, montado com precisão por fitas recortadas em papel fino, que se projetam no espaço tridimensional, conforme as páginas vão sendo abertas (Baudouin van Steenberghe). Um outro descreve, por meio dos mesmos estratagemas, o interior do corpo humano. São características que representam uma nova linha pedagógica da época e estão incorporadas à estética barroca, fruto da Contra-Reforma em Roma, que anunciava uma mudança religiosa caracterizada pelo desejo de educar, levando em consideração os sentidos e a imaginação. Segundo Gilles Deleuze em *Le pli, Leibniz et le Baroque (A dobra, Leibniz e a Estética Barroca),* de 1988, a arte barroca expressa-se melhor pela dobra – motivo cultural e item que, no sistema filosófico de Leibniz, revela uma continuidade na natureza muito mais adequada para a descrição das forças materiais do que a concepção cartesiana da progressão linear da luz. A dobra, a menor parte da matéria, encontra-se em nítido contraste com a bola. Conforme sugere Deleuze, ao compreendermos que a arte do *origami* tem sabor barroco (Deleuze, 9), conseguimos ampliar nossa análise a respeito do "livro-vivo", já que é uma arte que marca os estágios de continuidade entre as forças material e espiritual. A mola é, também, um item muito significativo para o barroco, e a multiplicação dos objetos que pulam e saltam nos "livros-vivos" testemunham ser ela permanente e predominantemente utilizada na criação de "surpresas". A pressão sistemática das forças plásticas, que comanda a representação científica do mundo material, nos livros modernos, apresenta formas de vida inesperadas.

Um livro que ilustra bem esse aspecto é o de François Michel, com desenhos de Philippe Davaine, *Dans le secret des roches* (*Partilhando o segredo das rochas*), publicado pela Edições Bayard, em 1989. É um livro ilustrado, idealizado por um professor de Geografia, François Michel, com o intuito de representar concretamente os processos pelos quais passa o solo até chegar aos diferentes formatos das paisagens geográficas. Por exemplo, em uma das páginas que explicam a origem do carvão, deve-se puxar uma alça de papelão para que apareçam as árvores mortas acumuladas nos pântanos. A estrutura, quando ereta, restaura a floresta antiga e apresenta os vários estágios da formação do carvão. Em outra página, abrem-se rosas-de-vento de arenito e aparecem penhascos, com pedras nos topos de colunas imensas. Sob as dobras de papelão, surgem fósseis, deixando entrever pedaços de cristais de rocha, os quais dão a impressão de terem se partido em um passe de mágica. Os veios de carvão permanecem, como conseqüência manifesta da energia em funcionamento em algum tipo de universo leibniziano. E as pedras preciosas e os geodes são testemunhas da riqueza e do esplendor da natureza.

A estrutura saliente de algumas plataformas marítimas de petróleo e os dois elevadores usados para descer e subir da mina de carvão, que funcionam por meio de uma outra aba, são também herança das *máquinas* típicas do palco barroco. Apareceram, por exemplo, em *Alceste* de Lully ou, com mais propriedade, em *Entretiens sur la pluralité des mondes (Discussões sobre a pluralidade dos mundos)* de 1686, de Fonteneille. Já naquela época, o novo filósofo, ao ensinar as leis da gravidade para os Duques, utilizava as imagens tiradas da ópera *Phaeton* de Lully para explicar como uma carga consegue descer e a outra subir, quando balanceadas por pesos equivalentes; assim como faziam os deuses que desciam das bambolinas do tablado nos palcos do século dezessete, maravilhando o público ingênuo e supersticioso. Com seus traços técnicos, os "livros-vivos" proporcionam o tipo de repetição cultural da mutação barroca, que foi aperfeiçoada com a chegada dos filósofos do Iluminismo, insistindo na estética da curva e da dobra, como já pudemos observar.

Portanto, as elipses e os círculos de rotação dos planetas, as dobras com as massas de ventos e águas, que fazem com que as estruturas saltem e fiquem eretas, características de muitos dos livros publicados pela Edições Gallimard na coleção *Le racine de savoir (As raízes do saber),* resumem o mundo turbulento dos "livros-vivos" científicos e sugerem a unidade necessária entre o Universo e a mente do leitor. O último deve ser elevado e inspirado por influências sutis, arrancado de seu poderoso universo natural e conduzido até um paraíso científico pelo incoercível desejo de "aprender" e compreender.

Como é normal acontecer com a cultura e o folclore infantis, a desdramatização das leis coercivas da pedagogia severa acabam produzindo objetos paródicos de formas de comportamento ridículas: a antítese da escola é o circo, onde se pode conseguir tais maravilhas lúdicas ridículas. É o que acontece no livro ilustrado *Ludo, le petit dompteur qui n'a jamais peur (Ludo, o pequeno e destemido domador de leões),* criado por Jerôme Bruandet com ilustrações de Thierry Dedieu e poemas de Marie-France Floury (Nathan, 1995). Através de situações divertidas, retratadas em sete cenas, o livro se move em direção à iniciação poética: na primeira página, Ludo, o garotinho, desafia as leis da gravidade, ao usar seu ursinho de pelúcia como se fosse halteres. A brincadeira é puxar a alça que controla os movimentos dos braços do menino para que, alternadamente, subam e desçam, escondendo e mostrando seu rosto. Outro truque muito hábil acontece com o cachorro que não quer comer, mas é obrigado a fazê-lo por meio de um simples "abracadabra", que faz a comida desaparecer do prato. A última aba ajuda o menino a beijar seu gato, dando uma conclusão calorosa ao *show.* A contra-capa do livro apresenta-o como "repleto de poesia, humor e surpresas". Notemos que esse livro é, que eu saiba, o primeiro "livro-vivo" francês no qual o inventor dos estratagemas é apresentado como *ingenieur en papier* (*engenheiro de papel*), o que enfatiza o aparecimento significativo de uma nova profissão no campo da cultura infantil, que vai ao encontro de novas necessidades e prazeres.

Encenando o conto de fadas do destino do homem

Muitos "livros-vivos", entretanto, não se baseiam somente em estratagemas humorísticos ou preocupações científicas, sendo que os mais bem-sucedidos combinam o espírito lúdico com ensinamentos morais ou de integração social. Nos melhores, a extensão da história vai além da mera sucessão de efeitos cômicos repetitivos encenados em uma única página ou em páginas duplas, tendo um enredo bem alinhavado que une as diferentes páginas em uma narrativa concisa. Um exemplo ingênuo desse processo pode ser encontrado na coleção "Os mascarados", criada por A. Monney e J.F. Barbier para as Edições Hatier, em 1985. Em *La rencontre* (*O encontro*), por exemplo, um expediente muito simples consiste em fazer com que dois buracos perfurados no livro coincidam com as extremidades de binóculos ou de óculos. A história diz ao leitor o que ele ou ela deve fazer para ficar amigo de alguém: primeiro, observar a pessoa pelo binóculo; em seguida, pelos buracos de uma cerca, etc. Como essas tentativas fracassam, a maneira mais simples de terminar a busca, de acordo com a informação na última página, não é olhar para a pessoa que se quer por amigo ou amiga, mas aproximar-se dele ou dela. Nesse estágio, embora os buracos não sejam utilizados para olhar para fora do livro, causam essa impressão, sendo cada um deles o olho de uma das duas personagens: um menino e uma menina encarando-se e com as pontas dos narizes tocando-se. Outro livro da coleção, *Te voilà masqué! (Aqui estás mascarado!)*, dos mesmos autores, pode ser usado como uma máscara de verdade pelo leitor, que é convidado a se identificar "de dentro" para as personagens retratadas. Como alguns deles são monstros terríveis, pode-se experimentar o sentimento primitivo de temor, gerado pelo uso de máscaras, segundo Roger Cillois em *Les jeux et les hommes, Le masque et le vertige (Os jogos e o homem, A máscara e a vertigem)* (1958-1961).

O melhor "livro-vivo" francês, em minha opinião, é *Pomdarinette, l'apprentie sorcière (Pomdarinette, a aprendiz de feiticeira),* criado por Elzbieta para Pastel, l'École des Loisiers, em 1993. Ele dá um passo à frente em relação à integração do destino do homem às estruturas movediças dos papelões, que se enquadram com perfeição nos altos e baixos do enredo de um verdadeiro conto de fadas, que termina com o casamento dos heróis. O livro, na verdade, começa como um palco de teatro, da mesma maneira que *Plaine Lune* de Frédéric Clément (que pode ser traduzido por *Lua cheia* ou por *Simplesmente Lua*, já que não dá para conservar o trocadilho do título em francês). É um livro esteticamente magnífico, mostrando as metamorfoses mágicas da Lua que, primeiro, se transforma em um pássaro, para então dissolver-se em uma onda, etc.) A história de Elzbieta também trata de metamorfoses e arremessa Pomdarinette, uma jovem e, com ela, o leitor, em um "floresta densa e escura". Lá, é claro, ela encontra um passarinho, cujos movimentos gerados ao se puxar a aba de papelão, parecem imitar o ritmo das palavras que repete sem parar para a menina perdida: "Quem é você, o que é que você faz? Quem é você, o que é que você faz?" A jovem, como Chapeuzinho Vermelho, também encontra o Lobo. Ela o nocauteia com a sombrinha, com a qual, repetidamente, acerta sua cabeça, todas as vezes que ele tenta se erguer por trás dos arbustos, onde está escondido. O próprio leitor consegue fazê-lo, ao puxar ritmicamente as duas abas, dando a impressão de que as ilustrações correspondem fielmente às ações da história.

As coisas pioram, o que aumenta o deleite do leitor, quando o "esqueleto no papelão" (uma paródia do romance vitoriano de boas maneiras), ganha vida e conta a fórmula mágica da feiticeira na tentativa de ajudar Pomdarinette. Primeiramente, o lobo vira um rato, transformação que se materializa no livro pelo deslizamento e sobreposição de retalhos horizontais de papel colorido. O próximo passo é até mais sugestivo, pois o esqueleto pede à garota para devolver-lhe sua forma primitiva, já que fora encantado pela feiticeira. A primeira tentativa parece fracassar, pois o esqueleto transforma-se em um ovo, e tem-se a impressão de que Pomdarinette usou a fórmula errada. Mas o rato acaba pulando no ovo, que cai no chão e se quebra, liberando o Príncipe Encantado, que fora seqüestrado pela Feiticeira. Consegue-se essa façanha, facilmente, por meio da manipulação de uma estrutura de papelão rotativa, cujo movimento, em volta de uma cortina central verde, alterna a visão do esqueleto e do ovo. Para reforçar os efeitos materiais, antes da transformação final, o ovo é envolvido por uma luz. A última cena mostra Pomdarinette e seu amado Príncipe voando em uma vassoura de bruxa e dando tchauzinho, sendo que o leitor só tem de puxar a cortina vermelha do palco sobre essa imagem para encerrar o *show*. O pássaro e o rato são as únicas testemunhas desse melodrama representado no palco. Tudo está bem quando acaba bem, no melhor dos mundos possíveis.

A perfeição desse livro, que se apresenta como uma das novas maravilhas da cultura infantil, salta da perfeita adequação dos estratagemas de papelão para o espírito específico da história: truques mágicos e a inversão humorística das situações combinam-se para conferir um ritmo vivo ao conto de fadas, que fica no meio do caminho entre um sonho encenado e a realidade, entre um *show* de marionetes real e os acessórios ilusórios do contra-regra. Tudo caminha para a bem-aventurança final dos heróis, cujos desejos são satisfeitos em um mundo idealizado especialmente para que conquistem a felicidade. Os elementos concretos do livro materializam as intenções morais dos adultos, inclinados a oferecer à criança visões otimistas do futuro que, para o leitor, parecem situar-se, principalmente, no domínio do significante que está sendo trabalhado no desdobramento desses sinais materiais, os quais corroboram as intenções abstratas, essas mais claramente expressas por palavras e pela linguagem escrita. O tema do Paraíso Perdido e Reconquistado pode ser lido, aqui, sublinhando todo o processo, fato que me faz lembrar o recente livro ilustrado: *Le secret du rêve (O segredo do sonho)*, um "livro-afresco", para utilizar a terminologia de Nicole Maymat, criadora da coleção, publicada no ano passado, pelas Edições Seuil. Na história emprestada da mitologia australiana por John Poulter e ilustrada por Claire Forgeot, a criação do mundo mostra a vida como originando-se no mar, alcançando a Lua e o Sol e, depois, espalhando-se por todo o Universo. O livro é uma página pregueada de sete metros, que forma um acordeão, o que faz com que o leitor prenda a respiração ao vê-la desdobrar-se infinitamente no espaço – exemplo máximo da "dobra" barroca, que governa as maravilhas da criação cultural infantil da atualidade...

O leitor triunfante ou a caixa de surpresas

Para os jovens, *ler* "livros-vivos" significa, freqüentemente, apenas dar uma espiada nas engenhosas técnicas de transparência mas, certamente, diminui o nível de expectativa de qualquer pessoa em relação ao significante literário, pois o último pode conter perigosas verdades e realidades. É como a alvorada que antecede a segurança oferecida pelo livro, como um substituto para o mundo real, que os "livros-vivos" despertam o interesse de leitores principiantes ou dos não-leitores. O que salta de suas misteriosas páginas é, principalmente, a imagem da mestria serena do poder mágico desenvolvido através do processo de leitura mas, mais forte que isso, é o sentimento de se chegar a um entendimento com um fantasma, ao mesmo tempo diabólico e excitante. É muito significativo que *Peekaboo (Bu! Achou!)*, publicado em 1985 por Albin Michel Jeunesse and Mathew Price, mostre a equivalência implícita do Diabo (parodiando o *gênio maligno* de Descartes) e do leitor bem-sucedido, através da figura do bebê-leitor que salta das duas últimas páginas do livro – uma nova versão da popular figura do "Diabo que salta da caixa", como literalmente denominamos a caixa-surpresa na França. Retrata-se aqui, a ilustração *lacaidasical* de uma perigosa iniciação ao significado, por meio da inversão extremamente saborosa dos valores adultos, nesse esboço que satiriza as relações familiares.

Na primeira página de *Peekaboo (Bu! Achou!)*, lê-se: "Onde está a mamãe?" e a ilustração é somente o contorno de um corpo humano indistinto, aparentemente dormindo em uma cama, com um gato sonolento ao lado. Na segunda página, o rosto matreiro da mãe, rindo maliciosamente, pintado em uma aba de papelão, realmente salta das páginas, mostrando a personagem sentada com o gato ao lado, o qual compactua com a atitude da "dona", pois traz estampado na cara um sorriso levemente irônico como o dela: "Achou! Olha eu aqui", ela grita. Na página seguinte, repete-se o estratagema com o pai escondido atrás do jornal: é um jornal muito especial, pois parece ser o *Le Monde des bébés (O Mundo dos bebês)*, com sugestivas manchetes, do tipo: "A última moda para menores de três anos" ou "Arrume uma babá para seus pais". As travessuras multiplicam-se na página seguinte, quando a cabeça do pai é reconstituída em três dimensões por uma aba de papelão que se eleva, fazendo com que ela se projete por trás do jornal aberto, deixando a mostra outras manchetes, com dizeres bastante sugestivos, tais como: "Música de *rock* no jardim da infância" e "A televisão é prejudicial ao trabalho dos educadores?" Outras personagens pulam do livro, como, por exemplo, o cachorro do menino e, claro, o representante lúdico da malícia adulta – um palhaço. O leitor sente que essa dinastia masculina em ação implica, no caso, uma quase glorificação e chega-se ao clímax quando o rosto triunfante do garoto salta da página, ficando maior que o próprio livro, dominando-o; e, embora tenha os olhos fechados, aparenta estar adorando a leitura. O diabrete, na verdade, segura um livro, em cuja capa encontra-se ele mesmo retratado, com uma das mãos cobrindo um dos olhos, e com o outro olho aberto – exatamente o mesmo desenho da capa do livro, do qual ele mesmo salta e que o verdadeiro leitor tem nas mãos. Acrescenta-se mais um dado irônico à estratégia do "livro dentro do livro" ou do "leitor que lê sua própria história", com a figura do mesmo menino fazendo caretas horríveis na capa de outro livro que ele próprio tem aos pés, e cujo sugestivo título é: "Faces: índice geral". Aqui, também, a intenção é usar o humor como elemento de sedução para o adulto que lê para a criança, e cujo interesse tem de ser estimulado por propagandas do tipo: "A mamadeira científica" ou "Como se livrar do parquinho", ou ainda: "Imitando, aprenda a ir ao banheiro sozinho"... A cultura da criança aumenta, e a aquisição de comportamentos e regras é feita sem dramas. A glória encenada pela criança leitora exorcisa o medo de se ficar perdido em um livro, já que a manipulação das páginas mostra, claramente, que a personagem leitora pode sair do livro e voltar para ele. A risada compartilhada com o adulto é uma sedução extra, que aumenta e aprofunda o "prazer do texto". A criança leitora, ao mesmo tempo em que decifra os códigos sociais, vai formando sua própria concepção de literacidade que a levará a construções mentais mais complexas e mais marcantes, do ponto de vista afetivo dos significados das regras sociais. Pode-se dizer que o próprio livro joga e vence, ganhando mais leitores por meio do faz-de-conta do jogo literário, simplesmente por meio de uma iniciação lúdica às convenções culturais e à autonomia intelectual.

TEORIAS FILOSÓFICAS

CAPÍTULO 3

FROEBEL E A CONCEPÇÃO DE JOGO INFANTIL

TIZUKO MORCHIDA KISHIMOTO

Enquanto filósofo do período romântico, Froebel acreditou na criança, enalteceu sua perfeição, valorizou sua liberdade e desejou a expressão da natureza infantil por meio de brincadeiras livres e espontâneas. Instituiu uma Pedagogia tendo a representação simbólica como eixo do trabalho educativo, sendo reconhecido por isso como *psicólogo da infância*. Entretanto, relatos da prática pedagógica froebeliana emolduram um quadro mais próximo da coerção, de jardineiras comandando a conduta infantil a partir de orientações minuciosas, destinadas à aquisição de conteúdos escolares. Teria havido uma ruptura da teoria, na passagem à prática? Seu paradigma não explicita suficientemente o valor da liberdade e espontaneidade do ser humano ou, ainda, a rigidez da tradição prevalece e a nova imagem de infância que brinca e se desenvolve não se materializa?

A relevância dessa questão justifica-se, pois até hoje os sistemas pré-escolares discutem a natureza do jogo infantil enquanto um ato de expressão livre, um fim em si mesmo, ou um recurso pedagógico, um meio de ensino.

A investigação será efetuada a partir das obras de Froebel, traduzidas para o inglês e inseridas na coleção *The International Education Series*, editada por William T. Harris, propriedade particular de

Macedo Soares, grande crítico da educação dos primeiros tempos da República[1].

Algumas palavras sobre o criador do *kindergarten.*

Nascido na Alemanha, em 21 de abril de 1782, na Floresta da Turíngia, em Oberweissbach, uma aldeia de Swartzburg-Rodulstadt, Frederico Augusto Guilherme Froebel respirou o clima evangélico que cercava sua família. Seu pai, João Jacob Froebel, pastor da antiga Igreja Luterana, uma paróquia bastante movimentada, não dispunha de tempo para dar atenção às crianças. Sua mãe falecera quando ele contava apenas um ano, e Froebel foi criado pelos irmãos, empregados e madrasta, tendo como companheiros os bosques, as flores, o rumor dos ventos por entre os ramos, os animais e os pássaros. Em sua vida adulta, a Botânica e a Matemática foram suas paixões. Já professor, estagiou no Instituto de Iverdon, de Pestalozzi, assimilando idéias acerca da importância da intuição. Recebeu os influxos do romantismo alemão, marcado pelo caráter literário e ideológico. A faceta literária manifesta-se nos poemas destinados às mães, a ideológica, no panteísmo de sua teoria, na busca do princípio de todas as coisas, que aparece na relação entre o homem, a natureza e Deus. Obras como *Levana*, de Richter, que trata do papel do jogo na educação e desenvolvimento da criança, e *Discursos à nação alemã*, de Fichte, que se refere à necessidade de educar o povo, sem distinção de classes sociais, para ser determinado e perseverante, e o pensamento de Schelling, da filosofia da natureza, deixam traços na obra do criador do jardim de infância. (Koch, 1977, 1980)

---

[1] *The education of man* – contém a filosofia froebeliana; *The mottoes and commentaries of Friedrich Froebels's mother play* – apresenta gravuras, poesias e reflexões sobre brincadeiras desenvolvidas pelas mães (*Mutter und Kose-Lieder*); *The songs and music of the mother-play* – inclui canções e músicas que acompanham as brincadeiras (*Mutter-Spiel und Kose-Lieder*); *The pedagogics of the kindergarten* – 2 volumes sobre a metodologia dos dons e ocupacões. Além das obras de Froebel, a coleção inclui outras escritas por especialistas como *Symbolic education* – Susan Blow – comentários sobre a educação simbólica proposta por Froebel; *Letter to a mother* – Susan Blow – comentários sobre as reflexões inseridas nas cartas dirigidas às mães e *Froebel's educational laws* – Hughes – trata da Pedagogia de Froebel (a coleção faz parte do acervo da Biblioteca Macedo Soares da Faculdade de Educação da USP).

Para explicitar a essência do real adotou o pressuposto da unidade e conexão entre Deus e as coisas da natureza. Essa orientação transparece na principal obra que delineia sua filosofia, *A educação do homem* (Froebel, 1912c), publicada em 1826, na qual mostra Deus como a unidade, o criador de todas as coisas: "A Unidade é Deus. Todas as coisas provêm da Divina Unidade, de Deus, e têm sua origem na Unidade Divina, em Deus só". (Froebel, 1912c, pp. 1-2)

Entende que, pela educação, o homem não só tem acesso ao conhecimento mas a Deus, que manifesta sua espiritualidade na natureza: "Educação e instrução devem levar o homem a ver e conhecer o divino, o espiritual, o princípio eterno que anima toda a natureza, constitui a essência da natureza e permanentemente se manifesta na natureza". (Froebel, 1912c, pp. 27)

Absorvendo a idéia de continuidade e evolução das coisas e da natureza, Froebel entende que não se pode "separar os estágios do desenvolvimento de infância, juventude e maturidade como se fossem distintos"[2]. Sugere que, no início, a educação deve ser "somente protetora, guardadora e não prescritiva, categórica, interferidora" (Froebel, 1912c, p. 7) mas para que exista o desenvolvimento da humanidade é necessária a liberdade de ação do ser humano, "a livre e espontânea representação do divino no homem" (Froebel, 1912c, p. 7), considerada também "objeto de toda educação bem como o destino do homem" (Froebel, 1912c, p. 10). Entende que é destino da criança "viver de acordo com sua natureza, tratada corretamente, e deixada livre, para que use todo seu poder. (...) A criança precisa aprender cedo como encontrar por si mesma o centro de todos os seus poderes e membros, para agarrar e pegar com suas próprias mãos, andar com seus próprios pés, encontrar e observar com seus próprios olhos" (Froebel, 1912c, p. 21). Ao elevar o homem à imagem de Deus, criador de todas as coisas, postula que a criança deve possuir as mesmas qualidades e "ser produtiva e criativa" (Froebel, 1912c, p. 21). Dessa forma, para que o ser humano expresse a espiritualidade

[2] Id., ibid., p. 27

de Deus, seria necessária "a liberdade para auto-atividade e autodeterminação da parte do homem, criado para ser livre à imagem de Deus". (Froebel, 1912c, p. 11)

O simbolismo da natureza como reveladora da vida e da unidade do desenvolvimento transforma-o em poeta da natureza. *Mutter und Kose-Lieder*[3] e *Mutter – Spiel und Kose-Lieder*[4] revelam esse amor que resulta no instrumento para educar as crianças. Se já existia, desde tempos passados, um caldo cultural que valorizava a natureza, fazendo analogias entre as estações do ano e o desenvolvimento do ser humano, como se observa na obra de Ariès, *História social da criança e da família* (1978), na *Didactica Magna* (1957), de Comênio, essa perspectiva é reforçada pela experiência da ausência da figura materna, da madrasta que não oferecia a Froebel o amor, de um pai que não dispunha de tempo para o filho, que o obrigou a recolher-se junto à natureza e tê-la como companheira. Dessa simbiose com a natureza surge sua instituição infantil que recebe o nome de *kindergarten*, com sentido metafórico de jardim de crianças.

Froebel mostra a unidade entre o homem, seu criador e a natureza, sua conexão interna, aponta como a educação pode garantir essa unidade, desde a infância, por meio da natureza. Valoriza a individualidade do ser humano, que se completa na coletividade. Ao perceber a unidade ou continuidade entre infância, juventude e maturidade, verifica a necessidade de educar a criança desde que nasce para garantir o pleno desenvolvimento do ser humano. Tal percepção o conduz ao projeto do *kindergarten* como o trabalho da educação destinado a preparar a criança para o desenvolvimento nos níveis subseqüentes. Sustenta que a repressão e a ausência de liberdade à criança impedem a ação estimuladora da atividade espontânea, considerada elemento essencial no desenvolvimento físico, intelectual e moral. Ao perceber claramente a unidade entre conhecer, sentir e querer, entre análise e síntese, entre pensamento e vida, faz da conciliação dos contrários

---

[3] Nessa obra, Froebel inclui as gravuras, os poemas e as reflexões relacionadas às brincadeiras interativas entre mães e crianças.

[4] Nessa obra Froebel inclui as canções que acompanham as brincadeiras.

um elemento importante de seu sistema, justificado pela lei da unidade, conexão interna ou inter-relação vital. (Hughes, 1925, pp. 16-19)

Vejamos agora como Froebel insere os jogos infantis nesse sistema filosófico de educação.

O PAPEL DO JOGO NA EDUCAÇÃO[5]

Embora não tenha sido o primeiro a analisar o valor educativo do jogo, Froebel foi o primeiro a colocá-lo como parte essencial do trabalho pedagógico, ao criar o jardim de infância com uso dos jogos e brinquedos. Muitos educadores reconheceram a importância educativa do jogo. Platão em *As Leis* (1948), destaca a importância do *"aprender brincando"*, em oposição à utilização da violência e da repressão. Aristóteles analisa a recreação como descanso do espírito, na *Ética a Nicômaco* (1983) e na *Política* (1966). O interesse pelo jogo aparece nos escritos de Horácio e Quintiliano, que se referem às pequenas guloseimas em forma de letras, produzidas pelas doceiras de Roma, destinadas ao aprendizado das letras. A prática de aliar o jogo aos primeiros estudos parece justificar o nome de *ludus* atribuído às escolas responsáveis pela instrução elementar, semelhante aos locais destinados a espetáculos e à prática de exercícios de fortalecimento do corpo e do espírito. (Kishimoto, 1990, pp. 39-40)

Antes de Froebel, três concepções veiculavam as relações entre o jogo infantil e a educação: 1 recreação; 2 uso do jogo para favorecer o ensino de conteúdos escolares e 3 diagnóstico da personalidade infantil e recurso para ajustar o ensino às necessidades infantis (Brougère, 1995, p. 64).

O jogo, visto como recreação, desde os tempos passados, aparece como relaxamento necessário às atividades que exigem esforço físico,

[5] O termo jogo será empregado na acepção de jogo infantil, de brinquedos e brincadeiras, tendo como referência a criança.

intelectual e escolar, tendo como representantes Sócrates, Aristóteles, Sêneca e Tomás de Aquino. Por longo tempo, o jogo infantil fica limitado à recreação. Na Idade Média, é considerado "não sério", por sua associação ao jogo de azar, bastante praticado na época. Serve, também, para divulgar princípios de moral, ética e conteúdos de História, Geografia e outros, a partir do Renascimento, o período de *compulsão lúdica.*

O Renascimento vê a brincadeira como conduta livre que favorece o desenvolvimento da inteligência e facilita o estudo. Por isso, foi adotada como instrumento de aprendizagem de conteúdos escolares. Para se contrapor aos processos verbalistas de ensino, à palmatória vigente, o pedagogo deveria dar forma lúdica aos conteúdos. Quintiliano, Erasmo, Rabelais, Basedow comungam dessa perspectiva.

Na clássica obra, *Gargântua e Pantagruel* (s.d.), Rabelais fala do jogo, utilizando personagens da época para desenvolver a trama de suas histórias. O autor satiriza os sofistas da época, mostrando a deseducação de Gargântua que não valoriza conhecimentos, hábitos saudáveis de higiene, de alimentação etc. Critica a educação dos sofistas (ou deseducação): excesso de comida, bebidas e divertimento. Entre os passatempos cita cerca de 204 jogos em que predominam os de azar, com uso de cartas, movimentos, simulação, seleção, enfim, jogos tradicionais da época. Se, na educação de Gargântua, o jogo aparece como inutilidade, futilidade e passatempo, na educação do sábio pedagogo, o jogo é visto como instrumento de ensino: de Matemática e outros conteúdos. No fundo, Rabelais critica o jogo como futilidade, como não-sério, relacionado ao dinheiro, e o valoriza como instrumento de educação para ensinar conteúdos, gerar conversas, ilustrar valores e práticas do passado ou, até, para recuperar brincadeiras dos tempos passados. Recomenda brincar de ossinhos, nos dias de chuva, enquanto se discute como povos do passado pensavam e brincavam. (s.d., pp. 110-14)

Como Rabelais, Montaigne divulga o caráter educativo do jogo. Considera inúteis os jogos de caça, passatempo dos nobres, e a dança, tida como lazer popular. Para Montaigne, o jogo é um instrumento de desenvolvimento da linguagem e do imaginário. É o escritor, o poeta, sua prioridade. Privilegia jogos que valorizam a escrita. Mas é Vives (*Traité de l'enseignement*, 1612, apud Brougère, p. 108.) que completa o sentido do jogo, veiculado nos tempos atuais, como um meio de expressão de qualidades espontâneas ou naturais da criança, como re-criação, momento adequado para observar a criança, que expressa através dele sua natureza psicológica e inclinações. Uma tal concepção mantém o jogo à margem da atividade educativa, embora sublinhe sua espontaneidade.

Tal concepção de jogo está relacionada à nova percepção da infância que começa a constituir-se no Renascimento: a criança dotada de valor positivo, de uma natureza boa, que se expressa espontaneamente por meio do jogo, perspectiva que irá fixar-se com o Romantismo.

É dentro dos quadros do Romantismo que o jogo aparece como conduta típica e espontânea da criança.

Recorrendo à metáfora do desenvolvimento infantil como recapitulação da história da humanidade, o Romantismo, com sua consciência poética do mundo, reconhece na criança uma natureza boa, semelhante à alma do poeta, considerando o jogo sua forma de expressão. Mais que um ser em desenvolvimento com características próprias, embora transitórias, a criança é vista como ser que imita e brinca, dotada de espontaneidade e liberdade.

O Romantismo especifica no pensamento da época um novo lugar para a criança e seu jogo, tendo como representantes, filósofos e educadores, que consideram o jogo como conduta espontânea, livre e instrumento de educação da primeira infância.

Tais concepções geram um grande interesse pelo jogo na Alemanha, como fator responsável pelo desenvolvimento físico da raça. Iniciado por Gutsmuths, em 1796, continua aumentando durante um século e culmina na destinação de áreas de jogo por toda a Alemanha, quase um século depois que Gutsmuths começou sua campanha. Tais campos de jogos eram inspecionados por homens competentes e preparados psicologicamente para compreender a relação do jogo com o desenvolvimento humano. Froebel foi influenciado pelo grande movimento de seu tempo em favor do jogo. Ao elaborar sua teoria da lei da conexão interna, percebe que o jogo resulta em benefícios intelectuais, morais e físicos e o erige como elemento importante no desenvolvimento integral da criança. (Hughes, 1925, p. 41) Seu hábito de observar crianças permite-lhe intuições sobre a conduta infantil que se incorporam em sua teoria.

O JOGO INFANTIL ENQUANTO EIXO DA PEDAGOGIA DO *KINDERGARTEN*

A partir de sua filosofia educacional baseada no uso dos jogos infantis, Froebel delineia a metodologia dos dons e ocupações, dos brinquedos e jogos, propondo: *1 dons*, materiais como bola, cubo, varetas, anéis etc., que permitem a realização de atividades denominadas *ocupações*, sob a orientação da jardineira, e *2 brinquedos* e *jogos*, atividades simbólicas, livres, acompanhadas de músicas e movimentos corporais, destinadas a liberar a criança para a expressão das relações que estabelece sobre objetos e situações do seu cotidiano. Os *brinquedos* são atividades imitativas livres, e os *jogos*, atividades livres com o emprego dos dons.

Relação dos dons ou materiais de ensino utilizados pela pedagogia froebelina:

1º seis bolas de borracha, cobertas com tecido de várias cores;

2º esfera, cubo e cilindro de madeira;

3º cubo dividido em oito cubozinhos;

4º cubo dividido em oito partes oblongas;

5º cubo dividido em metade ou quartas partes;

6º cubo consistindo em partes oblongas, duplamente divididas;

7º tabuazinhas quadradas e triangulares para compor figuras;

8º varinhas para traçar figuras;

9º anéis e meio anéis para compor figuras;

10º material para desenho;

11º material para picar;

12º material para alinhavo;

13º material para recortes de papel e combinação;

14º papel para tecelagem;

15º varetas para entrelaçamento;

16º réguas com dobradiças – (goniógrafo);

17º fitas para entrelaçamento;

18º material para dobradura;

19º material para construção com ervilhas e

20º material para modelagem. (apud Prestes, 1896, p.7)

Froebel [6] considera a bola, o símbolo da unidade, que carrega a variedade, tendo um efeito educativo na inteligência da criança:

§ 69 Agora, desde que a força desenvolve-se e difunde-se por si só em todas as direções igualmente, livremente, e de modo desimpedido, sua manifestação externa resulta na esfera. Por tal razão são esféricas ou, em geral, de formas redondas a maioria das coisas na natureza, por exemplo, os corpos celestes, Sol, planetas, luas, água em todos os líquidos, o ar e todos os gases e mesmo a poeira.

Em toda sua diversidade e em meio de aparentemente incompatíveis diferenças de estruturas, a esfera parece ser a primitiva forma, a unidade da qual tudo na Terra e na forma natural e estrutural é derivada. Assim, a esfera se parece com todas as formas e contém essencialmente a lei que contém todas elas. É a forma perfeita.

---

[6] Essa obra foi traduzida a partir do trabalho de Froebel coletado por Wichard Lange, e inserida no volume *Die Pädagogik Spielgegenstände des Kindes*, Berlim: 1861.

> *Nenhum ponto ou linha, nenhum plano ou lado, podem se discernir em sua superfície, são todos os pontos, todos os lados e contêm todos os pontos e todas as linhas de todas as estruturas terrestres e formas, não em sua possibilidade só, mas em sua atualidade.* (Froebel, 1912c, pp. 168-169)

O cubo aparece como representação do corpo que se desenvolve continuamente. Enquanto a esfera mostra a unidade, o cubo, a variedade. Na esfera, não há lados, cantos, a identidade e unidade prevalecem. Froebel propõe que cada dom seja estudado em 3 aspectos: como *forma de vida* (objetos do mundo natural), como *forma de beleza* (formas estéticas, de simetria) e como *forma de conhecimento* (conceitos de Matemática, Geometria). As 6 bolas macias do primeiro dom e a esfera, o cubo e o cilindro do segundo dom satisfazem o primitivo desejo de exercer força e causar mudança e proporcionam típicas experiências de movimento, forma, cor, direção e posição. O cuidado com animais, o cultivo de plantas, o exercício com o terceiro e quarto dons, as ocupações de tecer, cortar, trançar etc. acentuam os elementos educativos implícitos nas práticas industriais do homem. Finalmente, por meio de exercícios arquitetônicos, possíveis a partir do quinto e sexto dons, o uso de tábuas, pauzinhos e anéis, desenho, pintura, trabalho com ervilhas e modelagem, os poderes artísticos do homem são postos na brincadeira e ligam entre si o arquiteto, pintor, desenhista e escultor. Acrescentando a tais variadas formas de expressão artística os jogos de jardim com suas representacões dramáticas, movimentos rítmicos, poemas e músicas propõe diversas modalidades de atividades para desenvolver os poderes considerados inatos na criança.

Profunda conhecedora da metodologia froebeliana, Blow (1911, p. 129) aponta a *corruptio optimi pessima,* que caracterizou o uso dos dons e ocupações froebelianos. Em muitos jardins de infância só se usavam dons para ensinar elementos de forma, número, seqüência de formas, adestramento manual, ou tediosas lições envolvendo madeira, ferro e papel ou para ilustrar músicas.

Os muitos erros das jardineiras parecem derivar da falta de compreensão do significado da atividade criativa e, também, provavelmente da idéia froebeliana de união dos contrários. A harmonia entre direção e liberdade, entre indivíduo e coletividade, parece não ter ocorrido na prática pedagógica. Para Blow, a idéia froebeliana do homem, *gliedganzes*, ou seja, visto em sua totalidade, supõe que cada exercício dado incite e desenvolva a auto-atividade e multiplique o poder e conhecimento de cada membro da classe pelo poder e conhecimento de todos os seus membros (Blow, 1911, p. XVI). Prevalecendo apenas a direção e a autoridade do professor, nas atividades com dons e ocupações, não há como proporcionar a exploração livre dos materiais oferecidos.

Outra crítica ao *kindergarten* é praticar atividades relacionadas exclusivamente com dons e ocupações, não utilizando o que há de melhor nas propostas de Froebel, nos brinquedos e nos jogos, descritos em *Mutter und Kose-Lieder,* que permitem à criança ascender ao eu geral e social, não permanecendo apenas no eu particular, realizando seu sentido espiritual. Blow considera que, "nas músicas e imitações, a criança usa sua auto-atividade para reproduzir por si mesma as atividades e ocupações do mundo da sociedade". (Blow, 1911, p. XVI)

A correlação de estudos ou o ato de pôr-se em correspondência ou interação aparece na metodologia froebeliana. Em todo *kindergarten* há um propósito central claramente definido no trabalho de cada dia, com o qual está relacionada toda canção, conto, ocupação ou jogo. Isso ocorre também no trabalho de cada semana ou mês. O trabalho do ano deve constituir um todo orgânico e o esboço do plano, o trabalho do mês, da semana e do dia devem relacionar-se logicamente com esse todo. É muito provável que o hábito tradicional de elaborar planos de aula minuciosamente detalhados provenha dessa prática introduzida por Froebel. Pelo princípio da correlação, a Linguagem, a Matemática e as Ciências relacionam-se com o estudo da natureza. As formas visíveis de expressão, escrita, modelagem, pintura e desenho correlacionam-se, também, com o estudo da natureza. A criança encontra nos objetos naturais forma apropriada para a modelagem, pintura e desenho e os conceitos de espaço, forma e número, Geometria e Aritmética desenvolvem-se simultaneamente.

Concepção de brincadeira de Froebel

§ 30. *Brincar é a fase mais importante da infância – do desenvolvimento humano neste período – por ser a* auto-ativa representação do interno – a representação de necessidades e impulsos internos. (Froebel, 1912c, pp. 54-55)

... *A brincadeira é a atividade espiritual mais pura do homem neste estágio e, ao mesmo tempo, típica da vida humana enquanto um todo – da vida natural interna no homem e de todas as coisas. Ela dá* alegria, liberdade, contentamento, *descanso externo e interno, paz com o mundo... A criança que brinca sempre, com determinação auto-ativa, perseverando, esquecendo sua fadiga física, pode certamente* tornar-se um homem determinado, *capaz de auto-sacrifício para a promoção do seu bem e de outros... Como sempre indicamos, o brincar em qualquer tempo não é trivial, é altamente* sério *e de profunda significação.* (Froebel, 1912c, p. 55)

Embora justificando-a por uma teoria metafísica e valendo-se do pressuposto romântico que a concebe como atividade inata da criança, Froebel postula a brincadeira como ação metafórica, livre e espontânea da criança. Aponta, no brincar, características como atividade representativa, prazer, autodeterminação, valorização do processo de brincar, seriedade do brincar, expressão de necessidades e tendências internas aproximando-se de autores conhecidos como Henriot (1893, 1989), Brougère (1995), Vygotsky (1987, 1988, 1982), Piaget (1977, 1978) e tantos outros.

Para Froebel, a brincadeira é importante para o desenvolvimento da criança, especialmente nos primeiros anos:

§ 27. *Neste estágio de desenvolvimento a criança vai crescendo como ser humano que sabe* usar seu corpo, seus sentidos, seus membros, meramente por motivo de seu uso ou prática, mas não por busca de resultados em seu uso. *Ela é totalmente indiferente a isso, ou melhor, ela não tem idéia sobre o significado disso. Por tal razão a criança neste estágio* começa a brincar com seus membros – mãos, dedos, lábios, língua, pés, bem como com as expressões dos olhos e face. (Froebel, 1912c, p. 48)

As brincadeiras que envolvem partes do corpo assemelham-se aos jogos de exercícios de Piaget, e aos funcionais, de Claparède e Wallon. Froebel mostra que o bebê não está preocupado com o resultado de suas ações, que o brincar representa uma finalidade em si, que a ação motora da criança leva ao seu desenvolvimento. Há, certamente, diferenças na interpretação psicológica desse processo.

A observação atenta permite ao filósofo perceber a descentração da criança:

...nesse estágio a linguagem é ainda indiferenciada... ela é incapaz de distinguir quando fala do ser humano, ou de si enquanto criança ou de alguma coisa*; ela ainda não consegue separar a matéria do espírito, a alma do corpo. Para ela é ainda a mesma e uma coisa só.* (Froebel, 1912c, p. 54)

Froebel percebe também o *caráter antropomórfico* da conduta infantil:

Brincar e falar constituem os elementos pelos quais a criança vive. Assim, a criança neste estágio confere a cada coisa as propriedades da vida, sentimento e fala. (...) *a criança começa a representar seu ser interno para fora* e atribui a mesma atividade para tudo, para um seixo e uma lasca de madeira, para a planta, a flor e o animal. (Froebel, 1912c, p. 54)

Ao observar as mães interagindo com os filhos, Froebel percebe que, instintivamente, elas contribuem para o *desenvolvimento da lin-*

guagem quando nomeiam, brincando as partes do corpo: "Dê-me seu braço. Onde está sua mão?" Em tais situações a mãe procura ensinar a criança a perceber as partes do corpo. Não menos importante são as maneiras prazerosas que a mãe tem de fazer a criança conhecer membros que não consegue ver como o nariz, os olhos, a língua e os dentes. A mãe gentilmente puxa o nariz ou orelha, como se fosse separá-los da cabeça ou face, e mostra à criança... "Aqui eu tenho a orelha, o nariz" e a criança rapidamente põe sua mão na orelha ou nariz, e sorri com intensa alegria por encontrá-los em seus lugares. (Froebel, 1912c, p. 66)

Dentro da unidade ou relação mútua, Froebel aspira desenvolver todo o ser da criança mediante processos escolares e o auxílio da família. Não menospreza o trabalho da educação formal nem o adestramento físico ou outro aspecto da cultura, mas insiste na aplicação do princípio da espontaneidade na educação física, mental ou moral. Entende que o espiritual, o físico e o intelectual formam uma unidade relacionada internamente, em que cada um dos elementos afeta e é afetado pelos demais. Por tais razões, foi considerado *psicólogo da infância.*

Para o editor Harris,

Froebel é o reformador pedagógico que fez mais que todos os restantes juntos, por dar valor à educação, ao que os alemães chamam "método de desenvolvimento pela atividade espontânea", que permite plena expressão, porque os atos da criança que joga são o resultado de suas próprias decisões e motivações e não obediência ao mando ou sinal do mestre. (apud Hughes, 1925, p. 194)

Bowen assinala na mesma direção: "Froebel é o verdadeiro psicólogo da infância, somente Froebel transforma princípios psicológicos em prática psicológica" (apud Hughes, 1925, p. 55) Para Blow, entusiasta divulgadora da teoria froebeliana, foi o *psicólogo da infância,* que reconheceu o valor da *fantasia* para o desenvolvimento da inteligência. (1911, p. 108)

Segundo Blow (1911, p. 108), a antonomásia de *psicólogo da infância* fundamenta-se na notável concepção de Froebel sobre o poder da criança de reconhecer analogias e semelhanças, dar vida a coisas inanimadas, atribuir personalidade a tudo, ver significações ocultas e estabelecer relações. Froebel insiste no cultivo da imaginação, em virtude da lei de continuidade, pela qual demonstrou a necessidade de solidificar o desenvolvimento futuro, na primeira infância, por meio de analogias que fossem revelando, gradativamente, a unidade universal da humanidade. Por isso, em sua metodologia de ensino, as analogias estão sempre presentes, na própria denominação da instituição infantil (*kindergarten*), nos dons, ocupações, jogos, recreios e contos.

Entretanto, "o *kindergarten*, ao usar os dons e ocupações, não utiliza o que há de melhor nas invenções de Froebel, contido na obra *Mutter und Kose-Lieder* (*Canções da mãe*)". (Froebel, 1912b, p. XIII)

Harris percebe que a utilização dos dons e ocupações, sob a orientação da jardineira, enquadra-se na categoria de meios e instrumentos da educação, enquanto as brincadeiras livres representam o poder que a criança dispõe de conquistar a natureza. Froebel, como Harris, já percebia que o jogo tem dois modos de uso: *fim em si mesmo:* auto-expressão, espontaneidade e *meio de ensino*: busca de algum resultado.

As obras de Froebel despertam o interesse pela auto-atividade da criança, liberdade de brincar e expressar tendências internas e pelo jogo como fator de desenvolvimento integral da criança. Entretanto, o aspecto mais importante de sua teoria: o papel da brincadeira enquanto elemento para o desenvolvimento simbólico, parece ter sido pouco percebido.

Pelos comentários de especialistas americanos o *kindergarten*, ao adotar apenas os dons e ocupações como recursos para ensinar formas estéticas, ideais e reais, conteúdos da natureza e do mundo conceitual, parece ter ignorado as imitações espontâneas da criança e os jogos de construção manipulados livremente. (Froebel, 1912b, pp. XIV-XV)

Simbolismo de Mutter und Kose-Lieder

Observando crianças pequenas, Froebel intui o papel da imitação no desenvolvimento das mesmas e explicita-o em *Mutter und Kose-Lieder*[7], nas brincadeiras interativas entre a mãe e a criança: brincar com os membros (braços e pernas) das crianças quando trocam fraldas, brincar de cair-cair, brincar de catavento (sentir o movimento propiciado pelo vento), esconde-esconde, brincar com os dedos, serra-serra, fazer tic-tac com os braços imitando o relógio, brincar de retirar grama (atividade do cotidiano: retirar grama), chamar as galinhas para alimentá-las (atividade do cotidiano), chamar os pombos, a casa do pombo (mãos simulando a casinha do pombo), a criança e a torre (gestos das mãos simulando torre), e outras que fazem parte do repertório de brincadeiras tradicionais da Alemanha.

Preocupado em orientar mães e jardineiras, responsáveis pelo desenvolvimento de sua Pedagogia, Froebel escreve *Cartas à mãe* (Blow, 1912), que trata do movimento, canções, poemas e o papel da mãe na educação da primeira infância. No brinquedo *Cair-cair*, que movimenta todo o corpo, a carta explica às mães que o cuidado infantil inclue a razão, que nas brincadeiras interativas a criança vai descobrir seu primeiro ato de fé, sua primeira expressão, daí ser necessária a estimulação. Nesse ato, a criança está descobrindo sua primeira experiência, o primeiro *insight*, que evoluirá em conhecimento. Sua crença em Deus permite que o amor, a verdade, a gratidão e obediência se manifestem no cuidado com o filho:

A mãe precisa cuidar de sua criança, senti-la, protegê-la, diverti-la. Ela não pode fazer outra coisa, seu forte instinto impele para esse curso. E, en-

[7] O livro contém 297 páginas, das quais 50 dispõem de gravuras destinadas às crianças, 50 incluem poemas para a mãe e a criança e 107 são dirigidas às mães, em separado, e uma parte para mães e pais, 7 poemas introdutórios expressam o sentimento de alegria pelo nascimento da criança; o sentimento de unidade, o impulso de brincar com ele, a alegria da vida, a premonição para a verdade e que cuidados físicos representam também o espiritual, 20 páginas são dedicadas a *insights* em Psicologia e o resto do livro consiste em comentários de pinturas e músicas. (apud Blow, 1912b, p. 34).

quanto providencia suas necessidades, está tornando-a poderosa. Enquanto a criança é cuidada e feita feliz, a primeira semente do amor é colocada dentro dela. (Blow, 1912, p. 19)

As brincadeiras aparecem, ora como *analogias* (semelhança entre coisas diferentes), ora como *alegorias* (exposicão de um pensamento sob forma figurada).

Vejamos alguns exemplos.

Na gravura da pequena jardineira, o filósofo faz analogia entre o crescimento da planta e o do ser humano: "Cada coisa exige cuidados diferentes e reclama um tempo e lugar; assim todas as plantas não podem ser tratadas da mesma maneira (...) A pequena jardineira que nos mostra a imagem parece compreender os diversos desejos das plantas de que cuida". (Blow, 1912, figura 38)

Outra gravura é uma casa que está sendo construída pelo marceneiro. É uma alegoria que inclui, além da casa, o marceneiro, brincadeiras motoras de imitação da casa e de serrar madeira, acompanhada por versos. Imita-se pela posição das mãos juntas, simulando uma casa, ou, em outra variante, três crianças, uma de joelhos, tendo uma vara sobre suas costas, movimentada por outras duas crianças, simulam a serra que corta a madeira.

Se a alegria da saúde do corpo, a pureza e a serenidde da alma, se o conhecimento exato e o bom uso dos seus membros, se o cumprimento de seus deveres são para a infância e para o homem fonte de alegria, a construção e a ordem da casa que eles habitam em família terão grande influência sobre sua felicidade. (Froebel, 1882, figura 34)

A preocupação do filósofo não é com o sentido simbólico de papéis a desempenhar, a criança tornar-se um marceneiro, mas o significado da casa para a criança, o cumprimento dos deveres, da ordem, a saúde corporal, a serenidade da alma, uso dos membros, um conjunto de valores que representa o ideal froebeliano da harmonia familiar. Embora não tenha exemplificado o jogo de faz-de-conta na acepção hoje referendada pela Psicologia, do simbolismo infantil visto como papéis sociais a assumir, Froebel busca na figura do marceneiro que constrói uma casa um sentido similar ao da harmonia familiar, explicitada por sua teoria da unidade e conexão interna. Alegorias dessa natureza incorporam, de forma abundante, as gravuras incluídas em *Mutter und Kose-Lieder*.

Froebel entende que, nas brincadeiras, a criança tenta compreender seu mundo ao reproduzir situações da vida. Quando imita, a criança está tentando compreender. Ela late como um cachorro ou diz "muuu" para uma vaca, voa como um pássaro. É um pensamento inconsciente: "imitando-os, procura compreendê-los". Outro aspecto importante é que a liberdade de expressão permite a representação de coisas significativas, de fatos que a impressionaram. Froebel conclui que os dois tipos de imitação (a partir de modelos) e a imitação livre são importantes para o desenvolvimento infantil. O ideal do homem à semelhança de Deus leva-o a ver na brincadeira, no simbolismo infantil, o momento em que, ao manifestar a conduta criativa, a criança reflete a divindade. (Blow, 1912, pp. 111-173)

Pode-se dizer que, se nos tempos primitivos relacionava-se a imagem da criança à de deuses da mitologia, para explicitar o potencial criativo do ser humano, Froebel postula a criança à imagem de Deus para demonstrar a perfeição da ação humana e exigir a expressão espontânea.

A grande quantidade de músicas e marchas que acompanham a metodologia froebeliana requer uma explicitação. A Pedagogia de Froebel faz acompanhar as atividades infantis com movimentos corporais imitativos, poemas e músicas. *Músicas e jogos da mãe* (*Mutter-Spiel und Kose-Lieder*) foi publicado 50 anos depois da *Educação do homem*, o que mostra sua longa gestação[8].

[8] Segundo Harris, *Kose* pode ser traduzido por *fala de bebê* – a prática de imitação feita pelas mães da fala imperfeita e pouco articulada. (Blow, 1911, p. XV)

Froebel percebe que por meio de brincadeiras, ao relacionar sons a idéias poder-se-ia ensinar a linguagem. Essa forma de uso de brincadeiras interativas assemelha-se às de Bruner (1978, 1983 e 1986), que assinala a estreita relação entre a linguagem, a descoberta da regra e o contexto, nas brincadeiras de esconde-esconde entre o bebê e a mãe, valorizando a descoberta da regra, quando a criança inicia a brincadeira. Segundo Blow (1911, p. 60), um dos grandes méritos de Froebel é o de ter associado palavras aos objetos e atos. Ao observar mães brincando com seus filhos, Froebel percebe que elas associam objetos com palavras mas não percebem a *importância da iniciativa da criança.* Assim, por meio de seus brinquedos e dons, cria o espaço para a criança ter iniciativa, expressar sua fala, representar seu imaginário.

Froebel ilumina sua teoria, ao ver a capacidade simbólica da criança criar significações a partir de objetos de seu mundo. Por tais razões, propõe que se utilizem também as peças dos seus dons, em atividades de livre manipulação, para a recriação de objetos do mundo sensível. Parece que não foi compreendido pelas jardineiras, que preferem o uso dos dons e ocupações na forma convencional, que prevalece na prática pedagógica, com a direção do professor. A ação livre requer a adoção do modelo de educação centralizado na criança. Certamente a prática educativa vigente no fim do século passado e início deste não referenda ainda esse tipo de orientação.

Ao utilizar um complexo sistema metafísico de relações entre a natureza divina e as conexões internas do ser humano, edificado pelo princípio de unidade vital e totalidade, para explicitar o desenvolvimento do simbolismo infantil, sua teoria apresenta difícil sustentação. Sua psicologia assenta-se nessa filosofia metafísica e não na descrição de processos psicológicos infantis. Entretanto, suas práticas pedagógicas intuitivas, relacionadas às brincadeiras interativas e motoras mãe-criança, fruto de observações sistemáticas de brincadeiras maternas, não se distanciam dos pesquisadores que estudam essa questão nos tempos atuais.

Bibliografia

A Escola Pública, São Paulo: Tipografia da Industrial de São Paulo, 1893-1897.

Aristóteles. *A política*. Tradução de Torrieri Guimarães. São Paulo: Hemus , 1966.

_________. *Ética a Nicômaco*. Trad. de Mário da Gama Kury. Brasília: Editora Universidade de Brasília, c1985.

Blow, Susan E. *Symbolic education: a commentary on Froebel's mother play*. Ed. W.T. Harris, Nova York: D. Appleton, 1911. [1ª versão 1894]. (International Education Series, v. 45).

_________. *Letters to a mother on the philosophy of Froebel*. Ed. W.T. Harris, Nova York: D. Appleton. 1912. [1ª versão em 1899]. (International Education Series, v. 45)

_________. *The songs and music of Friedrich Froebel's mother play (Mutter und Kose-Lieder)*. Ed. W.T. Harris, Nova York: D. Appleton, 1895. (Internacional Education Series. v. 32).

Brougère, Gilles. *Jeu et education*. Paris: L' Harmattan, 1995.

Bruner, Jerome. *Actual minds. Possible worlds*. Cambridge: Mass: Harvard University Press, 1986.

_________. *Child's talk. Learning to use language*, Nova York: Norton, 1983.

Bruner, Jerome & Ratner, N. "Games, social exchange and the acquisition of langage". *Journal of child language*, v. 5, n. 3, pp. 391-401, oct. 1978.

Centenário do ensino normal em São Paulo: 1846-1946. São Paulo: Gráfica Bréscia. s.d.

Comênio, *J.A. Didactica Magna. Tratado da arte de ensinar tudo a todos*. Trad. e notas de Joaquim Ferreira de Gomes, Lisboa: Fundação Calouste Gulbenkian, 1957.

Ariès, P. *História social da criança e da família.* 2. ed., Rio de Janeiro: Ed. Guanabara, 1978.

Froebel, Friedrich. "Education by development". *The second part of the pedagogics of the kindergarten.* Ed. Harris, W.T. Trad. de Josephine Jarvis, Nova York: D. Appleton. 1899 . (International Education Series, v. 44).

__________ . *The pedagogics of the kindergarten. His ideas concerning the play and playthings of the child.* Ed. Harris, W.T. Tradução de Josephine Jarvis, Nova York: D. Appleton, 1912a. [1ª versão 1895]. (International Education Series, v. 30).

__________ . *The mottoes and commentaries of Friedrich Froebels's mother play.* Ed. Harris, W.T. tradução de legendas e comentários para a mãe, de Henrietta R. Eliot, e comentários de textos em prosa, de Susan E. Blow. Nova York: D. Appleton, 1912b. [1ª versão 1895]. (International Education Series. v. 31).

__________ . *The education of man.* Ed. Harris, W.T. Trad. Hailmann, W.N. Nova York: D. Appleton, 1912c. [1887]. (The International Series, v. 5).

__________ . *Les causeries de la mère.* Trad. La Baronne de Crombrugghe. Paris: Ract et Falquet, 1882.

__________ . *Mutter und Kose-Lieder.* Leipzig: Berlag von U. Bichlers Bitwe & Gohn, 1883.

Henriot, Jacques. *Le jeu.* Paris: Synonyme. SOR, 1983.

__________ . *Sous couleur de jouer: la metaphore ludique,* Paris: Ed. José Corti, 1989.

Hughes, James L. *La pedagogia de Froebel.* Trad. Domingo Barnés. Madrid: Daniel Jorro, 1925.

Kishimoto, T.M. *O jogo e a educação infantil.* São Paulo: Pioneira, 1994.

__________ . *O jogo, a criança e a educação.* Tese (Livre-docência) – Faculdade de Educação da Univer. S. Paulo. São Paulo: 1992.

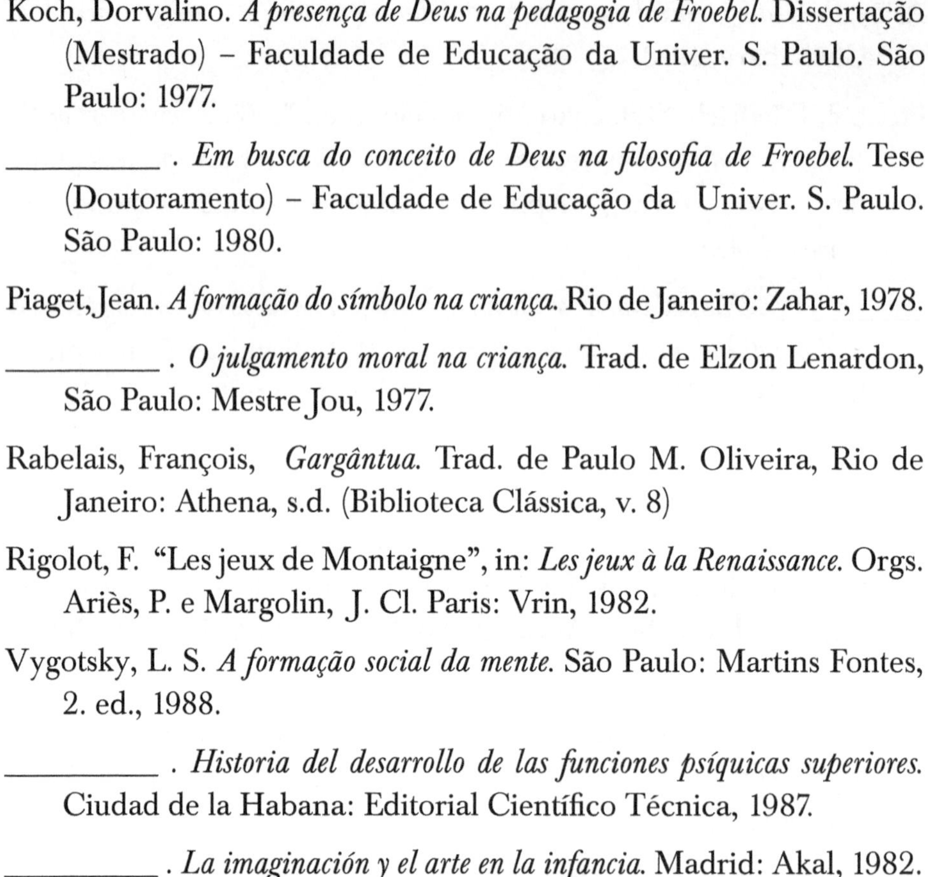

Koch, Dorvalino. *A presença de Deus na pedagogia de Froebel.* Dissertação (Mestrado) – Faculdade de Educação da Univer. S. Paulo. São Paulo: 1977.

__________. *Em busca do conceito de Deus na filosofia de Froebel.* Tese (Doutoramento) – Faculdade de Educação da Univer. S. Paulo. São Paulo: 1980.

Piaget, Jean. *A formação do símbolo na criança.* Rio de Janeiro: Zahar, 1978.

__________. *O julgamento moral na criança.* Trad. de Elzon Lenardon, São Paulo: Mestre Jou, 1977.

Rabelais, François, *Gargântua.* Trad. de Paulo M. Oliveira, Rio de Janeiro: Athena, s.d. (Biblioteca Clássica, v. 8)

Rigolot, F. "Les jeux de Montaigne", in: *Les jeux à la Renaissance.* Orgs. Ariès, P. e Margolin, J. Cl. Paris: Vrin, 1982.

Vygotsky, L. S. *A formação social da mente.* São Paulo: Martins Fontes, 2. ed., 1988.

__________. *Historia del desarrollo de las funciones psíquicas superiores.* Ciudad de la Habana: Editorial Científico Técnica, 1987.

__________. *La imaginación y el arte en la infancia.* Madrid: Akal, 1982.

CAPÍTULO 4

DEWEY: JOGO E FILOSOFIA DA EXPERIÊNCIA DEMOCRÁTICA

MARIA NAZARÉ DE CAMARGO PACHECO AMARAL

Dewey, certamente um dos mais fecundos pensadores educacionais do nosso século, soube talvez melhor do que ninguém expressar os sentimentos e os pensamentos de seu povo; apreender o espírito de sua pátria, captar as possibilidades de sua época. Evidenciou, com isso, ter cumprido à risca a missão que sempre considerou legítima para os filósofos, ou seja, a de exprimir os profundos conflitos e as infindas incertezas da civilização de que participam[1]. Defendeu a concepção instrumental da Filosofia. Propugnou a aplicação da crítica filosófica à realidade circundante e com fervor salientou que a Filosofia só pode ser relevante se mantiver relação com o mundo. Whitehead soube caracterizá-lo muito bem e de modo conciso: "John Dewey" – declara ele – "é o típico pensador americano eficaz"[2]. Por sua vez, a imagem criada por Dworkin apreendeu com precisão a sincronia existente entre o pensamento deweyano e os problemas vivos da sociedade de seu tempo: "... é como se ele tivesse tido um olho no relógio do destino"[3]. Com efeito, não há como fugir ao fato de que o pensamento

---

[1] Cf. J. John Dewey, *Philosophy and civilization*, Massachusetts: Peter Smith Gloucester, 1968, p.7.
[2] Alfred North Whitehead, "John Dewey, and his influence", in: Paul A. Schilpp, *The Philosophy of John Dewey*, 2. ed., Illinois: Open Court, 1971, p. 478.
[3] Martin S. Dworkin, *Dewey on Education*, 3. ed. Nova York: Columbia University, 1961, p. 17.

de John Dewey era consoante com algo de peculiar e espontâneo do pensamento americano.

Um dos eméritos discípulos de Dewey, ao prefaciar uma obra em sua homenagem, declarou de modo incisivo: "Ele é o único grande filósofo a viver além dos noventa anos. A longevidade, contudo, não é uma conquista filosófica. É um dom natural. Não é a longa extensão de sua vida, mas a natureza de suas idéias que torna John Dewey importante para o tempo e explica o porquê de, em quatro ocasiões, ter sido honrado pelos seus colegas com um volume de estudos comemorativos"[4]. Santayana chega mesmo a estender a Dewey a observação que o pragmatista francês Georges Sorel havia feito a William James: "Sua filosofia está elaborada de forma a justificar todos os postulados da sociedade americana"[5]. Todavia, não só nos Estados Unidos da América seus trabalhos encontraram grande receptividade ainda em seu tempo, mas em países da Europa e da Ásia[6].

Para o eminente filósofo e educador americano, a vida social constitui a base do desenvolvimento infantil, cabendo à escola a importante tarefa de oferecer condições para a criança exprimir, em suas atividades, a vida em comunidade. Procuraremos salientar dentro dos contornos do pensamento deweyano o apoio teórico construído por ele para fundamentar a perspectiva ético-religiosa da democracia como única forma de vida digna de seres humanos. Ela constitui o símbolo máximo da união simbiótica entre interesses, necessidades naturais da criança e exigências sociais da comunidade. Sendo assim, o êxito da educação depende do enriquecimento, por parte da escola e dos educadores, das condições que possibilitam estreitar as relações entre atividades instintivas da criança, interesses e experiências sociais.

---

[4] Sidney Hook, *John Dewey, philosopher of science and freedom. A symposium*, Nova York: Dial Press, 1950, p. V.

[5] G. Santayana, "Deweys naturalistic metaphisis", in: Paul A. Schilpp, *The philosophy of John Dewey*, *op. cit.* p. 247.

[6] Na Alemanha suas idéias filosóficas foram analisadas e interpretadas principalmente por Eduard Baumgarten. Além deste, Max Scheler discutiu alguns aspectos de filosofia deweyana e Hans Lipps acentuou a proximidade do pragmatismo deweyano com o ponto de partida da filosofia existencialista. Cf. Theresia Hagenmaier, Werner Correll, Brigitte van Veen-Bosse, *Neue Aspekte der Reformpädagogic*, Heidelberg: Quelle & Meyer, 1964, p. 67.

Procuraremos, então, neste trabalho, desenvolver os argumentos teórico-filosóficos elaborados pelo autor, no sentido de fundamentar sua fé prática na democracia, tornando-a o alicerce fundamental da sua concepção de natureza humana e de educação e tão-somente a partir dessa perspectiva, salientaremos o importante papel atribuído por Dewey ao jogo infantil, como expressão máxima da atividade espontânea da criança e instrumento educativo poderoso, capaz de propiciar a ligação vital, tão almejada pela filosofia deweyana, entre necessidades infantis de desenvolvimento e exigências sociais próprias da comunidade democrática.

Perspectiva ético-religiosa da democracia

Dewey não se cansou de propalar através de sua vasta obra que a chave de uma vida significativa é o progresso; que os inimigos da vida são a inflexibilidade e a cega resistência às transformações. Sempre depositou fé inabalável na inteligência humana e nos indivíduos em geral, vistos como seres capazes de construir seus próprios destinos. Essa fé, que também não escapa ao quadro das tradições de seu povo, nele encontrou o instrumento de expressão viva e profunda. E, como sabemos, ela faz parte do credo democrático: "O fundamento da democracia é a fé na capacidade da natureza humana, fé na inteligência humana e no poder da experiência associativa e cooperativa"[7]. Mas a crença na igualdade é também elemento desse mesmo credo[8]. Como conciliar, então, o sentido dessas duas afirmações do autor, se o que chamamos de inteligência pode ser distribuído desigualmente entre seres humanos? Cumpre-nos salientar que a igualdade a que Dewey se refere não diz respeito à distribuição natural desse dom tão distintivamente humano. Ele próprio declara: "Enquanto aquilo que chamamos inteli-

[7] "John Dewey: democracy and educational administration", in: *Education today*, Foreword by Joseph Ratner, Nova York: G.P. Putnam's Sons, 1940.
[8] Id., ibid., p. 340.

gência estiver distribuído em quantidades desiguais, a fé democrática consiste em admitir que a inteligência é suficientemente geral para que cada indivíduo tenha algo a oferecer, e o valor de cada contribuição pode ser estimado somente quando integrar a inteligência associativa final, constituída pela contribuição de todos"[9].

Afinal, a fé democrática na igualdade nada mais é do que a fé na oportunidade que cada um tem de indistintamente contribuir para a realização do bem de todos. Democracia, enquanto idéia, não é nenhum conceito que possa ser comparado a outros da vida social. Ela representa a própria idéia da vida humana em sociedade. Enquanto tal, o projeto democrático é uma opção, uma escolha moral. Trata-se de uma verdadeira opção de vida, cujo único apoio é uma fé ardente que a torna não uma dentre as muitas opções possíveis, mas a única digna de seres humanos. Eis aí uma fé que precisa ser salva. De fato, o pensamento deweyano, enquanto construção teórica, parece não ter outro propósito que o de responder a essa necessidade fervorosa de defender o ideal democrático de vida[10].

Donald A. Piatt, em artigo escrito para o volume comemorativo dos 80 anos de Dewey, publicado na Biblioteca dos Autores Vivos, comenta a respeito da dificuldade de fazer-se uma apreciação da filosofia de Dewey: "Tem sido difícil obter uma apreciação satisfatória da filosofia de Dewey por várias razões. Primeiro, porque os filósofos são um pouco inábeis ao pretender serem amantes da sabedoria e da verdade; sentem-se mais à vontade na defesa e ataque do que em investigação coletiva de significados e valores comuns; suas premissas maiores têm qualidade de fé religiosa, são sentidas tão profundamente e têm tal importância que elas *precisam* ser salvas"[11].

Não há mais necessidade de conhecermos outras razões da dificuldade sentida por Donald A. Piatt para avaliar a filosofia deweyana.

---

[9] Id., ibid.

[10] Cf. M. Nazaré C. P. Amaral, *Filosofia e experiência democrática*, São Paulo: Ed. Perspectiva/EDUSP, 1990. Cf. também da autora, "John Dewey: uma lógica da democracia", in: *Revista da Faculdade de Educação da USP*, vol. 2, nº 2, pp. 197-202.

[11] Donald A. Piatt, "Deweys logical theory" in: Paul A. Schilpp (editor), *The Philosophy of John Dewey*, *op. cit.* p. 105. O grifo é do autor.

Basta-nos a sua afirmação de que as premissas maiores dos filósofos constituem objeto de fé e que *precisam* ser salvas. A nosso ver, este é o caso específico do pensamento deweyano com sua fé na capacidade inteligente do homem para responder com senso comum ao livre jogo dos fatos e das idéias, asseguradas as condições para a livre investigação e para a livre comunicação. Em outras palavras, sua fé na democracia como o único modo verdadeiramente humano de viver.

Neste sentido, as palavras de Dürkheim adquirem um significado especial: "Deste modo, encontram-se em nossa sociedade fórmulas que imaginamos não serem religiosas, mas que têm caráter de dogmas que não se discutem. Tais são as noções de *democracia*, de *progresso*, de *luta de classes*, etc."[12] A democracia é, para Dewey, uma verdade indiscutível. Expressa-se sob forma aparentemente laica, mas traz consigo um fundo verdadeiramente religioso. De acordo com o autor, a experiência religiosa nada tem a ver com o interesse por uma determinada religião em particular[13]. Mas, por outro lado, ele defende a opinião de que toda experiência religiosa profunda deve adaptar-se a quaisquer crenças intelectuais que formos levados a adotar[14]. A nosso ver, essa identificação entre experiência religiosa e crença intelectual só é possível porque, no fundo, toda crença intelectual nada mais é do que o fruto de uma experiência religiosa autêntica. Por outro lado, essa experiência religiosa nada tem a ver com a idéia do sobrenatural. Admitir o contrário seria ferir o princípio de continuidade que sustenta todo o pensamento deweyano. Seria consentir nos dualismos próprios dos pensamentos doentios.

Dewey estabelece diferença entre religião (qualquer coisa que pode ser indicada por um substantivo) e religioso (qualidade da experiência, que é designada por um adjetivo)[15]. Os atributos da experiência religiosa estão contidos na sua própria definição de Deus: "Aquela relação ativa entre o ideal e o real a que eu daria o nome de Deus"[16].

---

[12] Emile Dürkheim, Pragmatisme et Sociologie, Paris: Librairie Philosophique J. Urin, 1955, p. 184 (grifo do autor)
[13] Cf. John Dewey, "From Absolutism to Experimentalism", in: G.P. Adams e W.P. Montague, *Contemporary american Philosophy*, vol. II. Nova York: The Macmillan Co., 1930, p. 20.
[14] Cf. John Dewey, id., ibid., pp. 19-20
[15] Cf. John Dewey, *A common faith*, New Haven: Yale University Press, 1952, p. 3Cf. id., pp. 19-20.
[16] Id., ibid., p. 51.

O sentimento religioso é aquele que experimentamos quando intuímos nossa religação com a natureza e com os outros homens. Ou melhor, é aquele sentimento que provamos, quando realizamos as possibilidades ideais que a natureza nos oferece. O sentido que Dewey dá à palavra ideal não implica, como poderíamos pensar, um divórcio entre meios e fins, uma vez que os ideais estão como que encarnados na existência real, carecendo simplesmente de atualização eficaz através da ação humana concreta[17].

Essa relação ativa entre ideal e real deve ser compartilhada por todas as pessoas que estão no mesmo "barco", que atravessa o mesmo oceano turbulento[18]. Essa idéia de associação cooperativa é tão central no pensamento deweyano que pode ser considerada o cerne da verdadeira atitude religiosa. Sua fé no poder do esforço humano cooperativo, dirigido com vistas à transformação desse turbulento oceano num verdadeiro paraíso, parece ser mais religiosa em qualidade do que qualquer fé numa revelação completa. O que importa nessa atitude religiosa é a convicção íntima e pessoal de o homem estar colaborando para o bem comum, quer no comércio com a natureza, quer no comércio com os outros homens. Percebemos, assim, quão impregnada de religiosidade está a moral deweyana, uma vez que a verdadeira moral se vincula, fundamentalmente, às ligações ativas e recíprocas entre os indivíduos[19]. É como se a atitude moral não pudesse ser perfeita sem o sentido religioso, pois só este impede a atitude egoísta do homem que se fecha dentro de si mesmo, uma vez que força o relacionamento ativo do eu com o mundo da natureza e dos outros homens, relacionamento este que sustenta a própria moralidade para o autor. Moralidade esta que se apoia na fé religiosa que foi sempre, implicitamente, a fé na capacidade do homem de unir-se a seus semelhantes em continuidade com a natureza, pelos

[17] Cf. John Dewey, *The quest for certainty: a study of relation of knowledge and action*, 12. ed., Nova York: G.P. Putnam's Sons, 1960, p. 279.

[18] Cf. John Dewey, *A common faith*, *op. cit.*, p. 84.

[19] John Dewey, *Human nature and conduct.* Nova York: The Modern Library, 1930, p. 326. "O treino melhor e mais aprofundado é precisamente aquele que se exercita, estabelecendo relações adequadas com os outros em unidade de pensamento e ação". (John Dewey, "My pedagogic creed" in: Dworkin, *Dewey on Education*, *op. cit.* p. 24

laços estreitos da experiência compartilhada. Trata-se da fé própria da religião da democracia que sustenta fundamentalmente o direito moral que cada indivíduo tem de partilhar dos benefícios da sociedade e a responsabilidade de cada um em cooperar livremente para o mais amplo crescimento da democracia[20].

Dewey não foi inventor dessa fé, adquiriu-a no meio ambiente em que foi criado. Sua tarefa consistiu em dignificá-la por meio da fundamentação teórica de um mundo que permitirá a sua mais perfeita realização. Nada melhor do que as próprias palavras do autor para nos esclarecer a respeito: "Nossa é a responsabilidade de conservar, transmitir, retificar e expandir a herança dos valores que recebemos para transmiti-la à posteridade mais sólida, amplamente acessível e generosamente co-participada do que quando a recebemos. Eis aqui todos os elementos para uma atitude religiosa que não se limitará a uma seita, classe ou raça. Tal fé sempre foi implicitamente a fé comum da humanidade, falta torná-la explícita e militante"[21]. Esta é a grande tarefa moral que cabe realizar ao homem, militante da democracia. Em trabalho publicado no início da década de 90, Steven Rockefeller resume em poucas palavras a importância da solução democrática para o pensamento filosófico de Dewey: "o ideal democrático significa para Dewey mais do que simplesmente uma teoria de governo no estrito sentido político. Cedo em sua carreira como filósofo, passou a ver a idéia de democracia como um ideal ético liberal com profundo significado religioso assim como social e psicológico"[22].

Apesar de Dewey ter sido consagrado em seu tempo como "o filósofo americano", depois de sua morte em 1952, foi esquecido e visto apenas como um teórico educacional controvertido. Brian Patrick Hendley, no final dos anos oitenta, chega mesmo a afirmar que depois da morte do autor, a filosofia educacional foi relegada a posição relativamente menor, sendo que filósofos passaram a dedicar cada

---

[20] Cf. John Dewey, *Freedom and culture*, Nova York: G.P. Putnam's, Sons, 1939, p. 162. Cf. John Dewey, "My pedagogic creed", in: Dworkin, *Dewey on education*, *op. cit.* p. 24.

[21] John Dewey, *A Common faith*, *op. cit.*, p. 87.

[22] Steven C. Rockefeller, *John Dewey, religious faith and democratic humanism*, Nova York: Columbia University Press, 1991, p. 32. Cf. também id., ibid., pp. 238-239.

vez menos atenção a ensaios educacionais[23]. Em nossos dias, é possível perceber um movimento inverso, isto é, os filósofos atuais estão reconsiderando o pensamento de Dewey, tendo em vista que nosso presente é bastante similar ao momento histórico em que Dewey viveu. Inovação tecnológica, imigração, decadência das cidades e da política criam o sentido de crise própria dos dois períodos históricos[24]. Não se trata de defender um retorno nostálgico ao passado mas de propor um redirecionamento com vistas ao futuro, pois muitas de suas idéias e práticas são consideradas como ainda tendo valor, capazes inclusive de estimular o pensamento reflexivo ulterior [25].

Instrumentalismo e democracia

Dewey expôs em breve autobiografia, intitulada *Do Absolutismo ao Experimentalismo*, as fontes principais de influência e orientação de seu pensamento. É possível fazer derivar da iniciação deweyana no darwinismo o primeiro apoio sólido para sua fé vital na unidade da vida democrática, não como uma dentre outras formas de bem conviver, mas como o único modo moralmente digno de vida humana. Não estamos esquecendo, todavia, que inicialmente essa fé surgiu do seu próprio ambiente familiar reflexo da organização democrática da comunidade congregacionalista a que pertencia. No momento em que é aceita a teoria de Darwin, isto se deve ao fato de ela também ser fruto dessa maneira inter-relacionada de conceber os seres no mundo, onde cada um cumpre, através de organização própria, uma função definida em benefício do todo. A vida, vista deste ângulo da Teoria do Evolução, revelou-se, aos olhos do autor,

---

[23] Cf. Brian Patrick Hendley, *Dewey, Russell, Whilehead: philosophers as educators*, Illinois: Southern Illinois University Press, 1986, p. 1.

[24] Cf. Alan Ryan, *John Dewey and the high tide of american liberalism*, Nova York: Norton, 1995, p. 47. Para Ryan, Dewey propôs-se empreender a reconciliação entre homem moderno e mundo moderno.

[25] Cf. Brian Patrick Hendley, *Dewey, Russel, Whitehead: philosophers as educators*, Nova York, 1995, p. 12.

ser a mais democrática que alguém pode conceber. Afinal, existe aí implícito um sentimento profundo de igualdade entre os seres e de ausência de distinção de classes que simbolizam em sua essência mais íntima, a maneira democrática de viver. Dewey nos descreve essa fase de sua trajetória intelectual: "É-me difícil falar, com precisão, sobre o que me ocorreu intelectualmente há tantos anos, mas conservo a impressão de que desse estudo derivou-se um senso de interdependência e unidade relacionada que deu forma a impulsos intelectuais que haviam permanecidos incompletos, e criou um certo tipo ou modo de ver as coisas em função da qual deveria conformar-se qualquer material em qualquer campo. Subconscientemente, pelo menos, fui levado a desejar um mundo e uma vida com as mesmas propriedades do organismo humano numa imagem derivada do estudo do darwinismo de acordo com o tratamento que Huxley lhe dera. De qualquer modo, obtive mais estímulo desse estudo do que qualquer outro contato tido antes e, como nenhum desejo foi despertado em mim para continuar nesse ramo particular de conhecimento, dato desse tempo o despertar de um interesse filosófico distinto"[26].

Sabemos que para Darwin a adaptação biológica aparece concebida simplesmente como pré-condição de sobrevivência. Poderíamos, então, perguntar: Para que continuar a existir? Qual o significado da existência em meio a esse mundo da unidade democrática? A nosso ver, é justamente aí que atua a força da fundamentação social que Dewey atribuiu a esse modelo biológico de adaptação do homem ao meio. Ele se adapta muito bem às necessidades de uma sociedade que desloca a tensão da polarização homem-outros homens para aquela existente no relacionamento do homem-natureza[27]. Semelhante modelo teórico contribui ainda para reduzir ao mínimo as rígidas divisões em classes ou grupos dentro da sociedade. Fazendo da inteligência o verdadeiro e único instrumento para resolver as rupturas de continuidade entre experiência e natureza, ou as situações-problema do

[26] John Dewey, "From Absolutism to Experimentation", in G.P. Adams e W.P. Montague, *Contemporary american Philosophy, op. cit.*, vol. II, p. 13.
[27] Cf. Wright C. Mills, *Sociology and pragmatism*, 2. ed., Nova York: Oxford University Press, 1966, pp. 380-382.

homem em sua interação com o meio, coloca todos os participantes em situação de igualdade. Todos são responsáveis pela condução de seus destinos particulares com a condição de contribuírem para a realização do bem comum e exercitarem a tolerância em relação às diferenças de opiniões e de crenças. Temos aí um sólido apoio teórico para a sustentação da fé prática do autor na unidade inter-relacionada da vida democrática.

Outro estudo ajudou a tornar mais consistente a direção dos interesses intelectuais de Dewey, ainda na Universidade de Vermont. Trata-se do exame detalhado do *Curso de Filosofia Positiva* de Auguste Comte, conforme síntese de Harriet Martineau. De acordo com declaração de Dewey no texto autobiográfico em questão, ele não tem lembrança de que a *lei dos três estados* tenha particularmente influenciado seu pensamento. Mas, com certeza, a idéia da necessidade de atribuir uma função social à ciência, como meio de evitar a desorganização da vida social existente, atraiu-lhe consideravelmente a atenção[28]. Se a lei dos três estados não o afetou de modo especial, também não passou de todo despercebida de seus propósitos mais sérios. Em seu livro *A busca da certeza*, Dewey inicia o primeiro capítulo declarando que o homem que vive em um mundo onde reina o acaso, vê-se obrigado a buscar segurança e o faz, inicialmente, através da súplica, do sacrifício, do rito, do culto mágico e da religião; posteriormente, na fase crítica do desenvolvimento do espírito humano, por meio da razão e, finalmente, no estado positivo, o último da série, por meio da ciência ou do método científico[29].

Um dos objetivos do citado livro consiste em fundamentar a substituição da busca da certeza absoluta por meios cognitivos pela busca de segurança por meios práticos[30]. Como sustentação teórica dessa substituição, o esquema comtiano da *lei dos três estados* é acionado para justificar de que modo a segurança prática, aquela que diz respeito à

[28] Cf. John Dewey, "From Absolutism to Experimentalism", in: G.P. Adams e W.P. Montague, *Contemporary american Philosophy*, *op. cit.*, vol. II, p. 20.
[29] John Dewey, *The quest for certainty*, *op. cit.*, p. 3.
[30] Cf. id., ibid., pp. 24-25.

necessidade de o homem assegurar-se dos resultados da ação, pode, inicialmente, ser satisfeita por um poderoso instrumento próprio do estágio definitivo ou positivo do desenvolvimento do espírito humano, isto é, o método científico. Na opinião de Dewey, a busca da certeza teórica pelos antigos não constitui um fim em si mesmo, mas um instrumento para assegurar os resultados da ação. De acordo com suas próprias palavras: "... a razão da busca da certeza cognoscitiva encontra-se na necessidade de assegurar os resultados da ação. Os homens convencem-se a si mesmos de que se entregam à certeza intelectual por ela mesma, mas, em realidade, desejam-na enquanto importa como salvaguarda do que estimam e querem. A necessidade de proteção e de êxito na ação cria a necessidade de garantir a validez das crenças intelectuais"[31]. As crenças intelectuais, por sua vez, são, acima de tudo, morais e como tal dizem respeito à conduta, à atuação prática. A própria crença traduz-se em ação. Afinal, a crença que não atua, não existe, é uma falsa crença.

De acordo com a perspectiva pragmatista de Dewey, o pensamento não passa de um instrumento de ajuste ou de adaptação a uma situação ambiental particular. Sua função não é especulativa, é antes prática: refere-se a algo que está por ser feito. Sua origem prende-se a uma perturbação sofrida pelo organismo que necessita restabelecer seu equilíbrio com o meio circundante[32]. Neste sentido, não podemos esquecer a influência do modelo biológico de adaptação do homem ao meio, quando o autor admite que, ...a interação do organismo e do meio, levando a certa adaptação que assegura a utilização deste último, é o fato primeiro, a categoria fundamental. O conhecimento está relegado a uma posição derivada, secundária por origem, implicada no processo em virtude do qual se mantém e se desenvolve a vida"[33]. Portanto, na origem de tudo está a ação do organismo que controla o meio circundante. "Ação" – expõe Dewey – "é um meio com o qual se

[31] Id., ibid., p. 39.
[32] Cf. John Dewey, *Reconstruction in Philosophy*, Nova York: The New American Library, 1954, pp. 198 e 212.
[33] Id., ibid., p. 87.

resolve uma situação problemática. (...) A interação é uma característica universal da existência natural. A 'ação' é o nome que damos a uma classe dessas interações, nome que procede do ponto de vista de um organismo. Quando a interação traz como conseqüência a coordenação das condições futuras, nas quais se verifica um processo vital, surge um 'ato'"[34]. Ato ou ação são ambos exercidos por aquele órgão vital, o pensamento. A relação pensamento-ação é esclarecida por Dewey na seguinte frase: "'Pensamento' não significa uma propriedade de algo chamado intelecto ou razão, separado da natureza. É um modo de ação externa, dirigida"[35].

As idéias, de acordo com esse modelo biológico de adaptação do homem ao meio, também nada mais são do que planos de ação, especificação de certas operações que vão ser executadas[36]. A idéia verdadeira não é mais a idéia conforme as coisas, a idéia imagem ou cópia dos objetos, representação mental das coisas. O que deve ser levado em conta é o emprego que fazemos da realidade. Segundo Dewey, "(...)de um modo geral, os homens são feitos mais para agir do que para teorizar"[37].

Enfatizamos tais influências do pensamento de Dewey, no propósito de mostrar algumas dentre as inúmeras raízes do princípio de continuidade, que constituem a nosso ver, o sólido apoio teórico da fé prática que o autor nutre pela democracia. Dewey atribui ao referido princípio importante missão, qual seja, a de responder diretamente pela extinção dos dualismos que povoaram os sistemas filosóficos clássicos[38]. Salienta ele que na base de todos os dualismos que envolvem os principais problemas da Filosofia, tais como os da relação espírito-matéria, mente-corpo, eu-mundo, indivíduo-sociedade, etc., encontramos uma suposição fundamental que se expressa na afirmação de um

[34] John Dewey, *The quest for certainty*, *op. cit.*, pp. 244-245.

[35] Id., ibid., p. 166.

[36] Cf. id., ibid., pp. 166-169.

[37] Id., ibid., p. 281.

[38] O autor deixa bem clara sua intenção ao afirmar: "O principal obstáculo para o criticismo mais efetivo dos valores correntes repousa na separação tradicional entre natureza e experiência. É propósito deste volume substituí-lo pela idéia de continuidade (*Experience and nature*, Chicago: Open Court Publishing Co., 1926, p. IX).

isolamento da mente em relação à atividades que envolvem condições físicas, órgãos do corpo, aplicações materiais e objetos naturais, ou melhor dizendo, na separação entre teoria e prática, conhecimento e ação[39]. Sob o ponto de vista prático, tal isolamento foi causado pela divisão da sociedade em classes e grupos rigidamente separadas, pela obstrução de interações sociais flexíveis. "Essas rupturas sociais de continuidade" - acentua Dewey –, "tiveram formulação intelectual em vários dualismos ou atividades, tais como a do trabalho e lazer, atividade prática e intelectual, homem e natureza, individualidade e associação, cultura e vocação"[40].

Como sabemos, os dualismos, fórmulas teóricas das rupturas de continuidade nas interações sociais entre os indivíduos, apresentam uma característica em comum, isto é, criam um verdadeiro abismo entre a mente que conhece e o mundo a ser conhecido. Para evitar essa dificuldade de comunicação entre ambos, Dewey reconhece a origem, o lugar e a função da mente na natureza. Afirma ele: "Ver o organismo na natureza, o sistema nervoso no organismo, a mente no sistema nervoso, o córtex na mente é a resposta para os problemas que perseguem a Filosofia"[41]. Temos a impressão de que um princípio verdadeiramente democrático parece reger todos os acontecimentos naturais em suas interações entre diferentes níveis de complexidade que, por sua vez, não acarretam diferença total de classe. Em meio a essa perspectiva deweyana bastante democrática do evolucionismo, via texto de Huxley, a mente nada mais é do que um tipo de conduta do organismo humano que não apresenta diferença total de classe em relação às condutas biológicas e físicas[42]. Dewey faz, então, de

---

[39] Cf. John Dewey, *The quest for certainty*, *op. cit.*, p. 24.

[40] John Dewey, *Democracy and Education. An introduction to Philosophy of Education.* Nova York: The Macmillan Company, 1955, p. 377. Veja também, Dewey *The quest for certainty*, *op.cit.*, pp. 76-77: "A filosofia tradicional está respaldada na persistência de condições sociais das quais surgiu originalmente a fórmula do dualismo entre teoria e prática, a saber, essa hierarquia familiar que vem das atividades que vão das servis e mecânicas às liberais livres e socialmente estimadas".

[41] John Dewey, *Experience and nature*, *op. cit.*, p. 295.

[42] Dewey salienta: "A distinção entre físico, psicológico e mental é, então, a de níveis de complexidade crescente e intimidade de interação entre acontecimentos naturais". (id., p. 261).

sua trajetória filosófica um instrumento poderoso de fundamentação teórica de um mundo ou de uma sociedade onde a interação entre os homens vem a ser a mais "ativamente contínua" possível. Isto porque é somente com base no esforço cooperativo que o homem pode atuar, tendo em vista a realização máxima do bem comum.

Além da influência exercida por Comte, Dewey também não escapou à de Hegel. Foi na Universidade John Hopkins que lhe foi possível extrair da filosofia hegeliana, interpretada por George Sylvester Morris, seu mestre de filosofia, outro apoio intelectual capaz de auxiliar na consolidação de sua fé na unidade do mundo. Em seu ensaio autobiográfico, o autor evidencia a influência que a filosofia hegeliana exerceu sobre ele e explica as razões da referida inclinação: "Há, contudo, razões subjetivas para a atração que senti pelo pensamento de Hegel. Ele satisfez a necessidade de unidade que, sem dúvida, era um desejo emotivo intenso ou mesmo um apetite que somente podia ser satisfeito pelo alimento intelectual. É mais do que difícil, é mesmo impossível reviver aquela antiga disposição. Mas o sentido das divisões e separações que, suponho, me foram impostas como conseqüência da herança cultural da Nova Inglaterra, divisões expressas pelo isolamento do eu em relação ao mundo, da alma em relação ao corpo, da natureza em relação a Deus, ocasionou um doloroso sentimento de opressão ou melhor, uma dilaceração interna. Meus primeiros estudos filosóficos tinham sido uma ginástica intelectual. A síntese hegeliana do sujeito e do objeto, da matéria e do espírito, do divino e do humano não era, contudo, mera forma intelectual, ela proporcionou-me alívio imenso, uma liberação"[43]. De fato, a síntese hegeliana em questão, adquiriu tanto maior força quanto mais conseguiu preencher as suas aspirações fervorosas de

[43] Cf. John Dewey "From Absolutism to Experimentatism", in: G.P. Adams e W.P. Montague, *Contemporary american Philosophy*, *op. cit.*, vol. II, p. 19. O espírito de divisão e separação que se desenvolveu no autor, fruto da herança cultural da Nova Inglaterra, prende-se exclusivamente às soluções puramente contemporâneas defendidas na Universidade de Vermont, tais como: intuicionismo escocês, empirismo inglês e idealismo neokantiano, todas elas responsáveis por aquela opressão penosa e ainda dilaceração interna sofridas por Dewey devido à incompatibilidade total dessas soluções com aquele desejo de unificação referido pelo mesmo (Cf., id., ibid., p. 13).

unidade. Foi nesse sentido que o estudo da filosofia hegeliana deixou um sedimento permanente em seu pensamento[44].

Richard Rorty, em seu livro *Filosofia e espelho da natureza*, coloca Dewey ao lado de Wittgenstein e Heidegger como os três filósofos mais importantes de nosso século e salienta que, quando ainda jovens, tentaram encontrar uma nova maneira de filosofar e um novo modo de formular um contexto fundamental para o pensamento[45]. Em se tratando do pensamento de Dewey, houve, a meu ver, uma tentativa de construir uma versão americana da visão hegeliana de história[46]. (Nesse sentido, Rorty soube apreender muito bem a profunda influência do pensamento de Hegel sobre a filosofia deweyana.

Semelhante influência une-se à de Huxley e Darwin no sentido de configurar o princípio de continuidade como o fundamento do pensamento deweyano. Deledalle sugere que isso só é possível graças aos *Princípios de Psicologia* de William James[47]. Jane Dewey em seu ensaio biográfico sobre o pai, também observa que os *Princípios de Psicologia*, de William James, constituíram basicamente a maior influência singular para mudar a direção do pensamento filosófico de Dewey[48]. Com relação à concepção biológica da mente, proposta por James, Dewey escreve: "Duvido que tenhamos até o momento começado a realizar tudo o que devemos a William James pela introdução e uso dessa idéia. (...) De qualquer modo, ela penetrou mais e mais em todas as minhas idéias e atuou como um fermento na transformação

[44] Cf. John Dewey "From Absolutism to Experimentatism", in: G.P. Adams e W.P. Montague, *Contemporary american Philosophy*, *op. cit.*, vol. II, p. 21.
[45] Cf. Richard Rorty, *Philosophy and the mirror of nature*, New Jersey: Princeton University Press, 1980, p. 5.
[46] Cf. id., ibid.
[47] Transcrevemos literalmente o texto: "São sobretudo os *Princípios de Psicologia* de William James que em 1890 apoiaram a convicção deweyana de que uma só psicologia, uma só pedagogia e, em definitivo, uma só filosofia era possível, aquela que respeitasse o princípio biológico (Huxley e Darwin) e metafísico (Hegel) de continuidade" (Gerard Deledalle, *L'idée d'experience dans la philosophie de John Dewey*, Paris: Press Universitaires de France, 1967, p. 90). Jane M. Dewey "Biography of John Dewey" in: Paul Arthur Schilpp (editor) *The Philosophy of John Dewey*, *op. cit.*, p. 23.
[48] Jane M. Dewey, "Biography of John Dewey" in: Paul Arthur Schilpp (editor) *The Philosophy of John Dewey*, *op. cit.*, p. 23.

de velhas crenças"[49]. Os processos conscientes deveriam, a seu ver, ser estudados não só como fator existencial, mas também como participantes da vida do ser humano em sua adaptação ao meio[50].

Outra influência importante na vida do autor deriva-se do fato de residir em Chicago. Foi seu interesse pela Hull House, uma instituição social, um lugar no qual pessoas de todos os tipos e crenças se reuniam para discutir os mais diferentes assuntos em condições de igualdade. Os Dewey eram assíduos freqüentadores e formaram um relacionamento bastante estreito com muitas pessoas que freqüentavam a casa, em especial com Jane Addams. Ninguém se interessava como cada um vivia fora dali, mas uma vez ali exercitavam o modo de vida democrático como o único verdadeiramente moral e humano e não como invenção político-institucional[51]. É a própria Jane Dewey quem observa: "A fé deweyana na democracia, como uma força orientadora na educação, adquiriu um significado mais agudo e mais profundo devido à Hull House e a Jane Addams"[52].

Educação, natureza humana e experiência democrática

Democracia representa, dentro do pensamento deweyano, a própria idéia de vida social da humanidade. No seu credo educacional de 1897, ao mesmo tempo extremamente claro e sucinto, Dewey declara logo no primeiro artigo, intitulado "O que é educação?", o seguinte: "Acredito que toda educação proceda da participação do indivíduo na consciência social da raça. Esse processo começa quase inconscientemente ao nascer e vai formando continuamente os poderes do indivíduo, desenvolvendo sua consciência, formando seus hábitos,

[49] John Dewey, "From Absolutism to Experimentalism", in: G. P. Adams e W.P. Montague, *Contemporary american Philosophy*, *op. cit.*, vol. II, p. 24.
[50] Cf. Robert S. Woodworth, *Contemporary schools of Psychology*, 8. ed., Londres: Methuen & Corp. Ltd., 1960, pp. 30-31.
[51] Cf. Jane M. Dewey, "Biography of John Dewey", in: Paul Arthur Schilpp (editor), *The Philosophy of John Dewey*, *op. cit.*, p. 29.
[52] Id., ibid., p. 30.

treinando suas idéias e despertando seus sentimentos e emoções. Por meio dessa educação inconsciente, o indivíduo vem participar das riquezas intelectuais e morais que a humanidade logrou reunir. Torna-se herdeiro dos recursos da civilização. A educação mais formal e técnica do mundo não pode, de modo seguro, desviar-se desse processo geral. Ela só pode organizá-lo ou orientá-lo em alguma direção particular"[53].

Com efeito, organizar ou conduzir o processo de participação dos indivíduos na consciência social da raça é tarefa básica da educação democrática, conforme proposição clara e sólida da obra deweyana. Se o fundamento da democracia é a fé nas capacidades da natureza humana, fé na inteligência e no poder da experiência associativa e cooperativa, Dewey faz questão de salientar que a necessidade humana de cooperar encontra-se profundamente enraizada na constituição natural do ser humano, não estando, portanto, sujeita a qualquer alteração ao longo da história. De acordo com as palavras do autor: "Não penso ser passível de demonstração que as necessidades inatas do homem se modificaram desde que o homem se tornou homem ou que exista qualquer evidência de que elas mudarão enquanto o homem estiver na terra"[54]. E o próprio Dewey esclarece em seguida: "Por necessidades inatas, quero referir-me às exigências inerentes à constituição do homem. Necessidades de alimento, de água, de movimento, são, por exemplo, de tal forma parte de nosso ser que não podemos imaginar qualquer situação sob a qual elas deixariam de existir. Há outros fatos, não tão diretamente de ordem física, que me parecem enraizados na natureza humana. Mencionaria, como exemplos, a necessidade de algum tipo de companhia, a de exercer influência sobre aqueles que nos cercam, a necessidade de cooperação com outros homens, assim como ao mesmo tempo, a de emulação, a de algum gênero de expressão e de satisfação estética, a necessidade de governar e obedecer, etc."[55]. Conforme podemos notar, entre os fatos não tão diretamente ligados à ordem física, também enraizados

[53] John Dewey, "My pedagogic creed", in: Martin S. Dworkin (org.), *Dewey on Education*. Nova York: Bureau of Publications, Teachers College, Columbia University, 1961, pp. 19-20.
[54] John Dewey, "Does human nature change?" in: *Problems of men*, Nova York: Philosophical Library, 1946, p. 184.
[55] Id., ibid.

na natureza humana de forma inalterável pela ação do tempo e do espaço, encontram-se a necessidade de exercer influência sobre os outros e a de cooperar com os semelhantes com vistas à realização do bem comum. Tudo isso parece estar implícito na definição de sociedade: "Sociedade é o processo de se associar de modo tal que experiências, idéias, emoções e valores sejam transmitidos e tornados comuns"[56].

Parece que estamos desvendando a misteriosa força da opinião comum, no sentido de fazer calar as divergências entre indivíduos, a intolerância, o abuso, bem como as diferenças de raça, cor, grau de cultura e situação financeira, elementos de alta traição à forma democrática de viver. De fato, a transmissão e transformação de idéias, emoções e valores em elementos comuns dentro do processo de associação e cooperação social depende de um poderoso instrumento dentro do universo deweyano, isto é, da inteligência humana. A ação inteligente constitui o único recurso definitivo da humanidade e a condição efetiva para a integração de toda divergência em relação a fins e conflitos inerentes às crenças[57]. Ora, a inteligência só pode funcionar efetivamente como instrumento socializador por excelência, porque ela própria está, em sua origem, presa à necessidade humana natural de cooperar "... inteligência" – declara Dewey – "é um bem, um ativo social que se reveste de função tão pública quanto é, concretamente, sua origem na cooperação social"[58]. A referida disposição humana inteligente para cooperar transforma-se em fator extra-individual responsável pela magnífica homogeneidade comunal que simboliza o significado profundo da democracia como única forma de vida digna de seres humanos.

Graças à origem extra-individual da opinião comum ou das crenças, de um modo geral, cada indivíduo em particular pode satisfazer-se vitalmente junto à comunidade a que pertence. A inteligência socialmente dirigida parece ser o denominador comum que liga o indivíduo

---

[56] John Dewey, *Reconstruction in Philosophy*, *op. cit.*, p. 161.
[57] Cf. John Dewey, *The quest for certainty*, *op. cit.*, p. 252.
[58] John Dewey, "Liberalismo e ação social", in: *Liberalismo, liberdade e cultura*, trad. Anísio Teixeira, São Paulo: Ed. Nacional, 1970, p. 69.

ao todo social, na medida em que conquista para a conduta "individual" foros de universalidade. É como se existisse implícito na ética democrática um elemento universalizante capaz de atuar eficientemente como tal. "... todo ato" – salienta Dewey – "pode trazer consigo uma consoladora e protetora consciência do todo ao qual pertence e que, em certo sentido, também lhe pertence.

Dentro dos vacilantes e inconseqüentes atos de cada indivíduo situa-se um senso do todo, dessa integração que a tudo envolve, senso que é um facho a espargir luz e dignidade a todos os nossos atos. Na sua presença, nós afastamos a mortalidade e vivemos no universal. A vida da sociedade, no seio da qual vivemos e nos concebemos como pessoas, é o símbolo desse entrelaçamento"[59]. Com efeito, o social constitui, para Dewey, a ponte que liga o comportamento individual ao universalmente humano. Sendo assim, podemos entender melhor uma passagem de seu credo pedagógico: "Eu acredito que a única verdadeira educação provém do estímulo dos poderes da criança pelas exigências das situações sociais em que ela se encontra. Por meio dessas exigências, ela é estimulada a agir como membro de uma unidade, a emergir de sua limitação original de ação e sentimento e a conceber-se do ponto de vista do bem-estar do grupo ao qual pertence"[60].

A partir desse ponto de vista, a educação deve empenhar-se em satisfazer a necessidade vital de restabelecer continuamente a comunicação inteligente entre a criança e seu meio, tanto para salvaguardar o bem-estar da criança quanto o da comunidade. Cumpre ao educador interpretar adequadamente os poderes da criança. "A criança tem seus próprios instintos e tendências, mas não sabemos o que eles significam até que possamos traduzi-los em seus equivalentes sociais"[61]. Ou, em outras palavras: "Para saber o que é realmente um poder, é preciso conhecer seu fim, uso e função; e isso nós não podemos saber a menos que concebamos o indivíduo como elemento ativo nas relações sociais"[62]. Nosso potencial

[59] John Dewey, *Human nature and conduct*, *op. cit.*, pp. 231-232.
[60] John Dewey, "My pedagogic creed", in: Martin S. Dworkin (org.), *Dewey on Education*, *op. cit.*, p. 20.
[61] Id., ibid., p. 21.
[62] Id., ibid.

é naturalmente bom, uma vez que reflete os anseios democráticos da vida humana em sociedade. À educação cabe, então, propiciar um ambiente favorável, no sentido de permitir a atualização máxima dessa natureza potencialmente social. Como sabemos, o ambiente é aquele próprio de um mundo produzido e valorizado por aspirações sociais democratizantes. Então, o que resta à educação como tarefa, senão a importante missão de reorganizar, reconstruir e revitalizar continuamente a experiência democrática de vida dentro e fora dos limites da escola?

Jogo e experiência democrática

Em seu livro *Escolas de amanhã*, Dewey discute as mudanças mais fundamentais na educação, estabelecidas por escolas preocupadas com a preparação de crianças para a vida no mundo do amanhã[63]. Todavia, preparar a criança para a vida futura não significa, para o autor, defender um currículo rígido e fixo capaz de modelar, com requinte de detalhes de obra de arte, o perfil do futuro adulto, como se fosse possível a alguém vislumbrar concreta e precisamente as características de um amanhã distante. Preparar a criança para a vida futura significa dar-lhe domínio de si mesma; treiná-la para que possa ter uso pleno e pronto de suas capacidades, para que sua inteligência seja capaz de compreender as condições sob a quais desenvolve seu trabalho e para que suas forças possam agir econômica e eficientemente no presente[64]. Na verdade, essas escolas pesquisadas pelo autor são escolas que buscam através de um trabalho, que procura fugir do currículo tradicional mais formal e abstrato, representar verdadeira e concretamente as necessidades e as condições da vida democrática. Essas "escolas de amanhã" esforçam-se de diferentes

[63] Cf. John Dewey e Evelyn Dewey, *Schools of to-morrow,* Nova York: E.P. Dutton & Company, 15. ed., 1924, p. 288.
[64] Cf. id., ibid., pp. 23-24.

modos para dar ênfase ao crescimento lógico como instrumentos de desenvolvimento de habilidades intelectuais. Dentro dessa perspectiva, todas elas apontam, com unanimidade, o jogo como fator decisivo para assegurar o desenvolvimento natural da criança. Na opinião de Dewey, todos os povos em todos os tempos contaram com os jogos como parte importante da educação de crianças, especialmente de crianças pequenas. O jogo é tão espontâneo e inevitável que, a seu ver, poucos pensadores educacionais atribuíram a ele em teoria o lugar de destaque que sempre ocupou na prática, ou mesmo, poucos tentaram descobrir, se as atividades naturais de jogo das crianças oferecem sugestões que possam ser adotadas na escola[65].

Por certo, grande parte da vida das crianças é gasta brincando, quer com jogos que elas aprendem com as crianças mais velhas, quer com aqueles inventados por elas mesmas. Toda criança pequena gosta de brincar de casinha, de médico, de soldado e Dewey atribui o prazer nessas brincadeiras à necessidade que a criança tem de imitar a vida dos pais e adultos. O valor educacional dessas brincadeiras torna-se óbvio, na medida em que eles ensinam às crianças a respeito do mundo em que vivem. "Brincando" – declara Dewey – "elas observam mais atentamente e deste modo fixam na memória e em hábitos muito mais do que se elas simplesmente vivessem indiferentemente todo o colorido da vida ao redor. Conseqüentemente, enquanto jogos imitativos são de grande valor educacional no modo de ensinar a criança a observar seu meio e alguns dos processos necessários ao seu desenvolvimento, se o meio não for bom, a criança aprende maus hábitos e maneiras erradas de pensar e julgar. Tais modos são muito difíceis de corrigir, porque foram fixados ao serem vivenciados em situação de brincadeira"[66].

Para evitar que a criança fixe hábitos indesejáveis, as escolas, principalmente os jardins de infância, devem usar dentro do horário escolar os mesmos tipos de jogos que são exercitados fora da escola, não

[65] Cf. John Dewey, *Schools of to-morrow, op. cit.*, p. 103. Dewey admite duas únicas exceções à regra: Platão, entre os antigos e Froebel, entre os modernos (Cf. id., ibid.).
[66] Id., ibid., p. 109.

somente como método de tornar o trabalho interessante para a criança, mas pelo valor educacional das atividades envolvidas, permitindo oferecer às crianças idéias e ideais corretos e adequados sobre a vida quotidiana. Ora, as idéias e os ideais mais sadios são, como sabemos, aqueles pertinentes ao modo de viver democrático. Por isso, cumpre trazer para a escola os jogos desenvolvidos fora do horário escolar, como garantia de que no ambiente escolar seja possível reviver com segurança a atmosfera própria de vida social democrática. Esta sim, é a única garantia de as crianças estarem a salvo do perigo de adquirirem e fixarem maus hábitos de pensar. "O professor" – acentua Dewey – "não está na escola para impor certas idéias ou formar estes hábitos na criança, mas está lá como membro da comunidade para selecionar as influências que deverão afetar a criança e assisti-la em responder adequadamente a essas influências"[67]. A vida social da criança é a base do desenvolvimento infantil e a escola deve dar oportunidade para exprimir em suas atividades a vida em comunidade. "Acredito que muito do fracasso da educação do presente se deva à negligência desse princípio fundamental da escola como uma forma de comunidade"[68]. O sucesso na educação depende da relação estabelecida entre as atividades instintivas da criança, interesses e experiências sociais. Em seu credo pedagógico, Dewey esclarece a questão da necessidade de estabelecer-se correlação entre as disciplinas do currículo escolar em torno de atividades sociais. "Acredito, portanto, nas assim chamadas atividades expressivas ou construtivas como centro de correlação. Acredito que isso estabeleça o padrão para a introdução da atividade de cozinhar, costurar, bem como do treino manual, etc., na escola. Acredito que não se trate de estudos especiais que devam ser introduzidos sobre e acima de uma porção de outros, tendo em vista o descanso ou o intervalo, ou como tarefa adicional. Antes acredito que elas representem, enquanto tipos, formas fundamentais de atividade social; e que seja possível e desejável que a introdução da criança em assuntos

---

[67] John Dewey, "My pedagogic creed" in: Martin S. Dworkin, *Dewey on Education*, *op. cit.*, p. 24.
[68] Id., ibid., p. 23. Cf. também Theresia Hagenmaier, Werner Correl, Brigitte van Veen-Bosse, *Neue Aspekte der Reformpädagogik*, p. 97, onde se lê que a escola precisa tornar-se cada vez mais uma oficina organizada do agir, um "laboratório da vida". (grifo do autor).

mais formais do currículo se faça por meio dessas atividades"[69]. Dewey inclui entre essas atividades o uso de dramatização como oportunidade de as crianças se expressarem por meio de experiência compartilhada. "Estudar sozinho em livro" – ressalta o autor – "é uma atuação isolada e anti-social; o aluno pode estar aprendendo as palavras, mas não está aprendendo a agir com outras pessoas, a controlar e organizar suas ações e pensamento para que outras pessoas tenham igual oportunidade de expressar-se por meio de uma experiência compartilhada. Quando as classes representam por meio de ação o que elas aprenderam em livros, todos os membros tomam parte e aprendem então a apreciar socialmente, assim como a desenvolver poderes de expressão e de representação dramática e emocional. Quando atuam perante toda a escola, elas aprendem o valor do trabalho por si mesmas individualmente, concorrendo para a formação de um espírito de unidade e cooperação na escola inteira"[70]. Tanto as crianças menores como as maiores interessam-se pelo que está acontecendo com outras turmas e aprendem a apreciar e respeitar o esforço inerente ao trabalho de cada um, além de desenvolver auto-controle.

Enfim, as possibilidades oferecidas pelos jogos ou representações teatrais são infindáveis, pois, para o autor, é sempre possível encontrar um assunto que oferecerá às crianças oportunidade de desenvolver muito melhor o aprendizado da leitura, escrita, História, Literatura, Geografia do que através da rotina dos livros didáticos. Este é simplesmente um outro modo de dizer que "learning by doing" é um modo melhor de aprender, do que apenas ouvindo, uma vez que a criança reconstrói mental e fisicamente experiências que se revelaram importantes para a humanidade e desenvolve, além disso, padrões mais eficientes de julgamento, comparação e crença[71]. Ao contrário, a acumulação de fatos apresentados em livros é um recurso apenas à memória da criança que constitui, assim, o principal instrumento de adquirir conhecimento. As virtudes a serem desenvolvidas, nesse caso,

[69] Id., ibid., p. 24. Tais atividades representam as atividades fundamentais da raça humana.
[70] John Dewey e Evelyn Dewey, *Schools of to-morrow, op. cit.*, pp. 125-126.
[71] Cf. id., ibid., pp. 120, 293 e 294.

são as virtudes negativas da obediência resignada, da docilidade e da submissão, pois a criança é colocada em atitude da mais completa passividade a reproduzir apenas o que ouviu do professor ou leu nos livros. Por sua vez, a liberdade, permitida à criança dentro da forma ativa de educação, constitui um fator positivo para o desenvolvimento intelectual e moral da mesma. Ou, em outras palavras: "As vantagens morais da forma ativa de educação reforçam seus benefícios intelectuais"[72]. A criança aprende a trabalhar por amor ao trabalho e não para receber recompensas ou porque tem medo de castigos ou punições. Ela percebe o valor de seu trabalho e observa seu próprio progresso.

A atividade, para Dewey, gera virtudes positivas, tais como energia e iniciativa, originalidade, perseverança, força de caráter, qualidades que são mais valiosas para o mundo do que mesmo a mais perfeita fidelidade em respeitar ordens[73]. O mundo a que o autor se refere é aquele verdadeiramente representativo das necessidades e condições da sociedade democrática. Dentro de seus limites, Dewey acredita que "... interesses sejam sinais e sintomas de poder em crescimento"[74]. Não se trata de tornar as tarefas infantis interessantes para a criança, como único critério de sua eficiência. Quando o autor admite que "interesse deve ser a base para a seleção" dos trabalhos educacionais, ele o faz apoiado em sua crença de raízes fortemente democráticas de que "as crianças se interessam por coisas que elas necessitam aprender". Ou, em outras palavras: "As coisas que têm interesse para elas são as coisas que elas têm necessidade em trabalhar"[75]. E elas têm necessidade de aprender "as coisas" que se relacionam com interesses e experiências sociais.

A maneira pela qual Dewey enfrenta o problema do interesse e do esforço em educação constitui um exemplo típico da continuidade harmoniosa entre natureza humana e experiência democrática, continuidade esta tão defendida por ele em seus trabalhos. Para o autor,

---

[72] Id., ibid., p. 296.
[73] Id., ibid., pp. 298 e 299.
[74] M.S. Dworkin (org.) *Dewey on Education*, *op. cit.*, p. 29. "Interesse é sempre sinal de poder subjacente: o importante é descobrir esse poder".
[75] John Dewey e Evelyn Dewey, *Schools of to-morrow*, *op. cit.*, pp. 301-302.

interesse é condição essencial para o desenvolvimento de qualquer atividade e está ligado a certas forças, impulsos da criança que carecem de desenvolvimento. Para que o desenvolvimento se dê, basta oferecer-lhes condições adequadas.

Para o autor, interesse (inter-esse = estar entre) implica diminuir a distância entre o aluno e o objeto a ser estudado, tendo em vista estimular a união orgânica entre eles. Em outras palavras, aprender é uma necessidade orgânica e social para a criança, porque tanto seus poderes devem ser traduzidos em seus equivalentes sociais, como o objeto a ser aprendido deve permitir, através de sua conotação fortemente socializadora, a manifestação orgânica dessa natureza potencial da criança. O esforço não é contrário à satisfação desses impulsos, mas vem ao seu encontro como um reforço inteligente e refletido com vistas a restabelecer a continuidade da experiência. Sendo assim: "Se descobrirmos as necessidades e as forças vivas da criança, e lhe pudermos dar um ambiente constituído de materiais, aparelhos e recursos – físicos, sociais e intelectuais – para dirigir a operação adequada daqueles impulsos e forças, não temos que pensar em interesse. Ele surgirá naturalmente, pelo fato de a mente encontrar-se com aquilo de que carece para *ser* mente. O problema de educadores, mestres, pais e do próprio Estado, em matéria de educação, é fornecer ambiente no qual as atividades educativas possam desenvolver-se. Onde essas atividades existam, existirá sempre a necessidade vital que à educação importa"[76]. À educação importa a necessidade vital de reconstruir, reorganizar ou reviver a experiência democrática, a única compatível com a dignidade própria da experiência humana de vida. Ou, de acordo com as palavras do autor: "Nossa famosa e breve definição de democracia como 'governo do povo, para o povo e pelo povo', representa talvez o melhor indício daquilo que uma sociedade democrática envolve. A responsabilidade pela conduta da sociedade e do governo é assumida por todo membro da sociedade"[77].

[76] John Dewey, *Interest and effort in Education,* Boston: Houghton Mifflin Company, 1913, pp. 95-96. (grifo do autor).

[77] John Dewey e Evelyn Dewey, *Schools of to-morrow*, *op. cit.*, pp. 303-304. "A difusão da compreensão dessa conexão entre democracia e educação é talvez a tese mais interessante e significativa das tendências educacionais do presente".

Todos precisam receber o treino que lhes possibilitará assumir essa responsabilidade, dando-lhes idéias justas da condição e das necessidades das pessoas coletivamente e desenvolvendo aquelas qualidades que lhes assegurarão partilhar eqüitativamente do trabalho do governo. Se treinarmos nossas crianças para aceitar ordens, para fazer coisas, simplesmente, porque são obrigadas, falhando em dar-lhes confiança para agir e pensar por si mesmas, estamos criando um obstáculo intransponível, no sentido de superar as deficiências presentes em nosso sistema e estabelecer a verdade dos ideais democráticos"[78]. Com efeito, a tese defendida por Dewey em toda sua vasta obra é a de que o desenvolvimento da democracia exige mudança na educação e não podemos esquecer do pressuposto básico dessa nova educação, isto é, o de que as atividades instintivas das crianças estão originalmente ligadas a interesses e experiências sociais. O profundo interesse das crianças por bonecas constitui sinal característico do importante significado atribuído por elas às relações e ocupações humanas e à necessidade de resolver seus próprios problemas. Os jogos constituem elo soberano de ligação entre poderes e necessidades infantis, de um lado e exigências de renovação dos valores inerentes às experiências sociais, de outro.

Democracia, como forma pessoal de vida, é controlada não apenas pela fé na natureza humana em geral, mas também pela fé na capacidade que os seres humanos possuem de julgar e agir inteligentemente, quando condições apropriadas lhes são fornecidas. O critério único para o êxito de uma educação democrática é o crescimento. Para Dewey, a virtude moral provém do crescimento e aperfeiçoamento constantes, os quais, por sua vez, têm como único fim mais crescimento e mais aperfeiçoamento[79]. Dentro dessa perspectiva, declara o autor: "O mau homem é aquele que, sem se levar em consideração quão bom tenha sido, está começando a deteriorar-se, a tornar-se pior. O bom homem é aquele que, sem se levar em conta quão moralmente indigno tenha sido, está em vias de tornar-se melhor"[80]. Crescimento é o processo de constante reconstrução da experiência concomitantemente

---

[78] Cf. id., ibid.

[79] Cf. John Dewey, *Reconstruction in Philosophy*, *op. cit.*, p. 141.

[80] Id., ibid.

com uma contínua transformação das formas de comportamento e um desenvolvimento e crescimento próprios do eu. Crescimento é o sinal infalível do desenvolvimento do caráter moral e base essencial da concepção moral de educação. A educação não se subordina a nenhum outro fim senão a mais educação, ou mais crescimento[81]. Ela deve oferecer as condições adequadas para o crescimento contínuo da vida, sob condição de cumprir as exigências e renovar os valores do credo democrático: "É dever do homem trabalhar persistente e pacientemente para o esclarecimento e desenvolvimento do credo positivo de vida implícito na democracia, na ciência, e trabalhar pela transformação de todo instrumento prático da educação até que esteja em harmonia com aqueles idéias"[82].

Democracia é pois, para o autor, uma verdadeira aspiração de progresso e como tal o único modelo vivo e dinâmico adequado à necessidade vital humana de crescimento. "A democracia" – salienta Dewey – "que proclama igualdade de oportunidades como seu ideal, requer uma educação, na qual aprendizado e aplicação social, idéias e prática, trabalho e reconhecimento daquilo que é feito estejam unidos desde o começo e para sempre"[83].

Finalmente, educar é tarefa permanente da vida democrática e processo contínuo de crescimento e aperfeiçoamento morais. O método de educar, por sua vez, coincide com o método democrático ou método científico ou método da inteligência cooperativa[84]. Semelhante

[81] Para Dewey o próprio homem é concebido como processo. Logo, não é nada além daquilo em que se torna por meio da experiência que, por sua vez, modifica continuamente suas formas de comportamento (Cf. Theresia Hagenmaier, Werner Correll, Brigitte van Veen-Bosse, *Neue Aspekte der Reformpädagogik*, p. 76). Crescimento é o processo de constante reorganização das formas de comportamento, sendo que essa transformação desencadeia desenvolvimento e ampliação do eu. (Cf. id. p. 80). Educação é, portanto, exatamente aquilo que o crescimento e a vida tornam possível (Cf. id., ibid., p. 91).

[82] John Dewey, "Religion and our schools", in: *Characters and events. Popular essays in social and Political Philosophy*, editado por Joseph Ratner, vol. II, Nova York: Henry Holt and Company, 1929, p. 507.

[83] John Dewey, *Schools of to-morrow*, *op. cit.*, p. 315.

[84] Cf. M. Nazaré de C.P. Amaral , "A nota idealista no pensamento de John Dewey", in: *Suplemento Cultural de O Estado de S. Paulo*, ano 1, no. 11, de 26/12/1976, pp. 10-11. A criança deve ser um membro ativo da comunidade social e democrática em que vive fora e dentro da escola e o modelo de pensar é o científico, ou método de solução – problema próprio da ciência cooperativa. Cf. também Brian Patrick Hendley, *Dewey, Russel, Whitehead:*

método tem o mérito de nos ensinar a pensar democraticamente para agir como tal. Dewey rejeitava, como sabemos, a educação antiquada do seu tempo, uma vez que ela imobilizava a criança dentro da rotina de um processo passivo de aprendizagem ao invés de ensiná-la a pensar. O autor sempre insistiu em que o mais importante era o processo de aprendizagem e não os produtos aprendidos. Democracia identificava-se, para ele, muito mais com liberdade de pensamento do que liberdade de ação. Dai a ligação estreita que defendia para democracia e educação. Steven Rockefeller, referindo-se ao significado mais profundo da educação deweyana, salienta de modo incisivo que socialização não significa para o autor, programar a criança para aceitar os valores sociais existentes mas, ao contrário, permitir-lhes aprender a pensar por si mesmas, sendo capazes de fazer julgamentos de valor, quando confrontadas com novas possibilidades e com modificação de circunstâncias[85].

A escola experimental, criada por Dewey em 1896 para testar suas idéias e teorias educacionais, estando ligada ao Departamento de Pedagogia da Universidade de Chicago, dirigido por Dewey de 1896 a 1904, era oficialmente denominada "Escola elementar da Universidade", mas tornou-se conhecida como "Escola de Dewey" ou "Escola Laboratório". Não se trata de descrever as práticas educacionais da referida escola, mas de destacar a preocupação de Dewey em oferecer às crianças maior oportunidade de fazer coisas ou de "aprender fazendo". Em seu livro *Escola e sociedade* de 1899/1900, o autor procura divulgar o valor e o caráter prático da nova idéia de educação como atividade centrada na criança e como método fundamental de progresso e reforma sociais. Dewey descreve, inclusive, a dificuldade que teve para comprar tipos de carteiras e cadeiras adequados a sua concepção de escola e de edu-

philosophers as educators, op. cit., pp. 37-41, onde o autor apresenta críticas à teoria educacional de Dewey, inclusive em relação à concepção imprópria de ciência como um tipo de atividade consensual cooperativa sempre em consonância com decisões democraticamente estabelecidas. Essa visão de ciência falha por não levar em consideração o fato de que existem regras de procedimento científico e um código simbólico especial. Além disso, os processos de investigação científica envolvem transição em níveis conceptuais diferentes daqueles próprios do senso comum.

[85] Cf. Steven C. Rockefeller, *John Dewey religious faith and democratic humanism, op. cit.*, p. 249.

cação e relata a observação feita por um negociante mais inteligente do que os outros: "Lamentamos não ter o que o senhor procura. O senhor deseja algo em que a criança possa trabalhar: estas aqui são todas para ouvir"[86]. Aprender a pensar é o mesmo que aprender a aprender, ou seja, o método por excelência de viver democraticamente, ou em outras palavras, o método de desenvolver hábitos de pensamento e ação requeridos pela participação efetiva na vida comunitária. O resultado de semelhante educação é o ser humano tal como cresce e se desenvolve por meio de um processo contínuo de educação, próprio da sociedade democrática, e tal como se auto-educa permanentemente por estar aprendendo a pensar ou aprendendo a aprender, ou ainda a adquirir hábitos cooperativos de solução-problema em um mundo livre, ético e democrático.

[86] John Dewey, "The school and society" in: *Dewey on Education*, Introduction and notes by Martin S. Dworkin, Nova York: Columbia University, 1961 p. 50.

Teorias psicológicas

CAPÍTULO 5

Brincar e trabalhar

Heloysa Dantas

1. Jogo e trabalho

Brincar e jogar: dois termos distintos em português e fundidos nas línguas de cuja cultura somos devedores: o francês (*jouer*) e o inglês (*play*). Por causa disto, freqüentemente desperdiçamos a diferenciação de ordem psicogenética que a nossa língua nos permite: brincar é anterior a jogar, conduta social que supõe regras. Brincar é forma mais livre e individual, que designa as formas mais primitivas de exercício funcional, como a lalação. É este sentido mais arcaico que vou utilizar aqui.

O termo "lúdico" abrange os dois: a atividade individual e livre e a coletiva e regrada. O que chama a atenção, quando pedimos a profissionais de educação infantil sinônimos para ele, é a tendência a oferecer "prazeroso" e nunca "livre". "Ludicamente" é visto como prazerosamente, alegremente, e não "livremente". Isto, que considero uma distorção de conseqüências infelizes, consiste em perceber o efeito e não a sua causa: o prazer é o resultado do caráter livre, gratuito, e pode associar-se a qualquer atividade; inversamente, a imposição pode retirar o prazer também a qualquer uma. Parece impossível definir substancialmente o que é brincar: a natureza do compromisso com que é realizada transforma-a sutilmente em trabalho.

Resulta daí um paradoxo que pode levar os próprios defensores da pedagogia do brinquedo a traírem seus próprios fins, quando o adulto se julga autorizado a impor atividades, por ele consideradas prazerosas. Os "convites" para participar de uma "brincadeira" são freqüentemente convocações que não prevêem a recusa.

Parece pois necessário, ao pensar a educação pelo jogo, refletir simultaneamente sobre a educação pelo trabalho, enfrentando o preconceito que entre nós, por graves razões sociais, separa as idéias de infância da de trabalho.

Os fantasmas da exploração infantil e da conseqüente perda do direito à educação escolar nos tem levado a deixar de lado as belas concepções de educadores como Freinet, Dewey, Makarenko, para os quais o trabalho, dentro do ambiente escolar, pode constituir-se em poderoso instrumento educativo.

Este esquecimento tem um efeito perverso: obrigada a absorver toda a tarefa da educação infantil, a pedagogia do jogo se vê ameaçada de perder o que tem de essencial, ameaçada por práticas utilitaristas e autoritárias. A oferta do prazer parece constituir nova justificativa para a imposição adulta, caracterizando a nova face, insidiosa e disfarçada, do autoritarismo.

É claro que substituir "prazer" por "liberdade" não facilita em nada a tarefa de definir o lúdico. Nos dicionários filosóficos, liberdade confina com "onipotência", por um lado, e com "consciência" e racionalidade, por outro, tornando inviável qualquer tentativa de entender a noção em sentido absoluto. Se modestamente nos contentarmos em empregá-la com o sentido de alguma possibilidade de escolha, teremos que nos referir a graus de liberdade que começam com a possibilidade de recusar o convite adulto, e se ampliam na medida em que se multiplicam as alternativas de atividade. Em uma sala vazia, uma criança não pode exercer atividade livre; sua liberdade cresce na medida em que lhe são oferecidas possibilidades de ação, isto é, opções. Neste sentido, a liberdade da criança não implica na demissão do adulto: pelo contrário, expandi-la implica no aumento das ofertas adequadas às suas competências em cada momento do desenvolvimento. Povoar o espaço com jogos viáveis, passíveis de utilização autônoma, requer um alto grau de conhecimento psicogenético.

Não estou afirmando que nenhuma atividade deve ser imposta: o equilíbrio entre o livre e o imposto precisa ser encontrado. Apenas digo que a atividade imposta é trabalho, o que resulta simultaneamente em duas exigências: a de não descaracterizar, poluir mesmo, o clima lúdico com a insinceridade e a coação, e a de enfrentar a necessidade de incluir desde o início, a atividade instrumental e produtiva, ao lado da atividade lúdica, na educação. A dialética jogo-trabalho é indispensável à saúde de ambas as práticas: pode resgatar a liberdade do jogo e o prazer do trabalho. Como sempre, as próprias crianças sinalizam isto ao adulto sensível: não é rara a experiência de, ao fabricar, com elas, o material para a realização de um jogo, vê-las mais interessadas na produção do que na sua utilização posterior.

Entre a atividade lúdica e a atividade produtiva parece haver continuidade. Examiná-las em movimento evolutivo, é, pois, interessante. O recurso à psicogênese é um grande auxílio na compreensão dos fenômenos psíquicos: examinar sua origem e evolução esclarece também seu destino. Utilizemos este recurso lançando mão da concepção walloniana de psicogênese.

2. Infância e ludicidade

Na concepção walloniana, infantil é sinônimo de lúdico. Toda a atividade da criança é lúdica, no sentido de que se exerce por si mesma. Ou, dito em outros termos, toda atividade emergente é lúdica, exerce-se por si mesma antes de poder integrar-se em um projeto de ação mais extenso que a subordine e transforme em meio.

Como sempre, na concepção paradoxal que é a marca da dialética walloniana, afirma-se simultaneamente um estado atual e uma tendência futura: as atividades surgem liberadas, livres (aqui no sentido de gratuitas, não-instrumentais), exercendo-se pelo simples prazer que encontram em fazê-lo. Porém, tendem sempre, ao aperfeiçoar-se por este exercício funcional, a tornarem-se aptas a entrar em cadeias mais complexas, como ações intermediárias. O que se descreve é um movimento de devir que leva do brinquedo ao trabalho, isto é, da atividade-fim à atividade-meio.

O trabalho, entendido como qualquer ação instrumental subordinada a um fim externo e a um produto, corresponde portanto àquela para onde tende a atividade lúdica. O jogo tende ao trabalho como a criança tende ao adulto.

A compreensão adequada do lúdico supõe então, como tudo aquilo que se refere à infância, etapa da vida humana marcada pelo devir acelerado, uma perspectiva temporal dupla.

A diferença entre adulto e criança a este respeito é visível nas questões mais triviais. Se o chilreio prazeroso do bebê, que depois se subordinará à intenção da fala, não o incomoda, o mesmo não acontece, por exemplo, em relação à marcha. Andar, para a criança de um ano, é uma atividade-fim, que se exerce por si mesma, diferentemente do adulto, que "anda para". O andar lúdico do filho, que pára, retorna, "desanda", em geral causa o desespero da mãe que já soterrou na memória a sua própria ludicidade em relação a esta forma particular de ação.

Em certo sentido, pode-se dizer que toda a motricidade infantil é lúdica, marcada por uma expressividade que supera de longe a instrumentalidade. Basta observar cenas filmadas de refeição em creche para se constatar a diferença entre o estilo motor adulto e o da criança de dois anos: uma boa parte dos seus gestos é pura expressão emocional, de alegria, animação ou tristeza, excitação contagiante. Quanto às educadoras, são essencialmente instrumentais: ajudam a comer, cortam a carne, empurram a comida para o meio do prato, aproximam-no da criança, limpam-na etc.

A própria incontinência motora infantil, que ilustra a idéia de alegria do movimento (poetas o compreendem; diz Cecília Meireles: "...o cavalinho branco aprendeu com os ventos, a alegria de sentir livre os movimentos..."), do movimento pelo movimento, tende a gerar tensão nas relações adulto-criança. O desejo do adulto, inconfesso, nem por isso é menos claro: imobilidade e silêncio.

A ludicidade da motricidade infantil é raramente reconhecida e respeitada.

Ela existe também na linguagem, marcando um gosto pela musicalidade, pelo ritmo, pela rima, pela assonância que pode levar a melhor sobre o sentido. De novo os poetas, melhor sintonizados com a própria infância, percebem isso: "Na chácara do Chico Bolacha, o que se procura, nunca se acha"; "Ó menina tonta, toda suja de tinta, mal o sol desponta..." Sempre Cecília.

Esta ludicidade, no uso da língua, é melhor aceita e valorizada: fica claro aos adultos sensíveis que ela é um poderoso estímulo da criação poética.

A idéia de liberdade e as de ficção e fantasia mantêm grandes afinidades. Na história que inventa, assim como no jogo simbólico, a criança desfruta da liberdade máxima. Ela pode ser o que quiser, criar a realidade que bem lhe aprouver. A onipotência ficcional é o maior atrativo para inventar histórias.

Dizer que a atividade infantil é lúdica, isto é, gratuita, não significa que ela não atenda às necessidades do desenvolvimento. Embora "inútil", "fútil", do ponto de vista imediato, ela tem enorme importância a longo prazo. A necessidade de garantir espaço para o gesto "inútil" adquire enorme importância.

3. Evolução do brincar

O recém-nascido "brinca" (exercita) suas possibilidades sensoriais (mais do que motoras) nascentes. Brinca de "gorjear", brinca de se olhar: suas reações circulares primárias não passam de brincadeiras funcionais. Descobrindo-a por acaso, busca recuperar a sensação corporal agradável. O efeito do ato torna-se intenção, fechando-se o circuito intenção → ato → efeito.

A importância da reação circular, que preludia o comportamento intencional, é bem conhecida dos estudiosos da psicogênese. Se a considerarmos, como aqui se propõe, a forma mais remota do lúdico, fica evidente, a importância da atividade "livre", liberada até mesmo de qualquer intencionalidade.

Ao longo de uma gestualidade gratuita, impulsiva mesmo, produzem-se, casualmente, em si mesma ou no ambiente, efeitos interessantes, agradáveis: a criança tende a procurar reencontrá-los. O gesto livre da intenção, e o acaso, aparecem então como a forma mais remota da descoberta e da ampliação do repertório. Embora gratuita, ou talvez, porque gratuita, esta forma de gestualidade é a fonte do novo.

Este mesmo padrão lúdico se repete mais tarde em novos patamares do desenvolvimento. O grafismo é um bom exemplo de anterioridade do gesto em relação à intenção: a criança de três e quatro anos dirá que ainda não sabe o que está desenhando, porque ainda não acabou. Os artistas plásticos sabem o valor criativo desta "desinibição do traço", e procuram resgatá-la no adulto, onde ela já se perdeu: o gesto-prazer, lúdico, transformou-se em gesto-trabalho, meio para realizar um desígnio (desenho).

A sabedoria que é respeitar, em educação, a psicogênese, deveria levar a introduzir cada nova atividade através de uma etapa lúdica. Brincar com palavras, com letras, com o computador: manuseá-los livremente, ludicamente, antes de dar a este manuseio um caráter instrumental. Talvez seja por isto que as crianças aprendem informática mais depressa do que os adultos: brincam com o computador, antes de tentar "usá-lo para".

Em relação à linguagem, brincar com palavras significa utilizá-las melodicamente, como sons musicais, antes, ou mais, do que sons com sentido. É bem conhecida a grande sensibilidade do bebê à melodia da voz, a preferência infantil pelas rimas, ritmos e assonâncias. O gosto pela musicalidade da fala identifica uma etapa poética como a etapa lúdica da linguagem, anterior à semântica. Brincar com a linguagem, usar a linguagem; brincar com o gesto, usar o gesto. Em ambos os casos, existe uma etapa inicial de uso livre, mas também uma inexorável tendência à sua subordinação a um projeto intencional. A brincadeira tende ao trabalho; entretanto, sua importância criativa é tão grande que será necessário, no adulto, utilizar recursos para recuperá-la.

Mas a relação brinquedo-trabalho complexifica-se, já que cada nova atividade reinstala a fase lúdica, de modo a tornar impossível a separação em bloco entre infância e trabalho.

Diz-nos Wallon que, entre um e três anos, o desenvolvimento atravessa um período sensório motor/projetivo, isto é, sensorial e simbólico. Ele tem fome de espaço explorável e objetos manipuláveis, que permitam os avanços da autonomia motora. Brincar de andar, de pular, brincar de subir e descer, de pôr e tirar, de empilhar e derrubar, de fazer e desfazer, de criar e destruir. Educar neste momento é sinônimo de preparar o espaço adequado, o espaço "brincável", isto é, explorável.

É também sinônimo de alimentar o jogo simbólico, a função simbólica em todas as suas manifestações. Desde o brincar com a língua (em forma de poesia e expressividade mímica) até abastecer com fantasias e objetos suscetíveis de serem usados como significantes. Sem esquecer os grandes e múltiplos espelhos capazes de possibilitar o acabamento do recorte corporal, através da apropriação da imagem exterior. Brincar com o EU emergente em todas as suas duplicações: sombra, fotos, filmes etc.

Os anos seguintes, personalistas na terminologia walloniana, têm como função principal permitir o recorte afetivo do EU. Negativismo, oposição, imitação, subjetividade. Exigem uma grande diversidade de canais para a expressão de si: as histórias mágicas, o baú de fantasias. Brincar de dançar, brincar de pintar, brincar de ouvir histórias sobre si mesmo. Aqui brincar aproxima-se de fazer arte, e reforça a idéia schilleriana da arte como forma adulta por excelência do lúdico. Pela reiteração do termo brincar quero sublinhar o caráter caprichoso e gratuito destas atividades, em que o adulto propõe mas não impõe, convida mas não obriga, mantém a liberdade através da oferta de possibilidades alternativas.

Educar é agora sinônimo de abastecer com material, sugestões e proposições de natureza artística. Música, pintura, escultura, dança, poesia, narrativa, teatro. Brincar de fazer e fruir de todas as manifestações estéticas.

Mas, exercendo seu papel prospectivo, ao adulto cabe também prepará-la para o que será a próxima etapa, socialmente exigida: a educação fundamental. Agora lhe será imposta a obrigação de tornar-se um leitor. Para que a educação infantil possa antecipar esta tarefa, será preciso realizar o que proponho chamar de "ludicização da alfabetização".

4. Do jogo ao trabalho: jogo-trabalho e trabalho-jogo

Consideremos agora a questão das relações entre jogo e trabalho em sentido inverso, a partir dos educadores que fizeram deste último o eixo de sua ação e reflexão.

No Dewey de *Como pensamos*, trabalho aparece como objetivação do pensamento, como aquela atividade que pode adicionar ao prazer do processo o benefício do produto. Bem utilizado, ele acrescenta ao caráter efêmero do processo a permanência de um resíduo:

> *Vê-se, pois, que tanto o trabalho como o brinquedo podem representar um interesse pela atividade "em si mesma": mas, no caso do brinquedo, a atividade que recebe o interesse é mais ou menos casual segundo o acaso das circunstâncias, do capricho ou da determinação alheia; no caso do trabalho, a atividade fica enriquecida pelo senso de que ela nos leva a um fim, importa em alguma coisa.* (1979, 210-211).

Pela via da reflexão e da observação psicológica, Dewey chega ao mesmo ponto a que nos levou a análise psicogenética: à idéia de incorporação do jogo pelo trabalho.

Um educador socialista como Makarenko, parte não da psicologia, mas de um projeto ético e político: formar o "homem-novo", isto é, o homem socialista, voltado para a comunidade, aquele homem cujo desenvolvimento pessoal coincide com a "capacidade de se identificar com segmentos cada vez maiores da humanidade".

Educar para a comunidade significa educar pela comunidade: posto o fim, estão também encontrados os meios. É a comunidade quem deve educar, portanto a ela cabe tomar as decisões: resulta uma organização auto-gestionária e democrática, onde as assembléias comunitárias legislam, decidem, sancionam. Daí resulta também uma atividade produtiva coletivamente organizada. Aqui a educação pelo trabalho se confunde com a educação pela comunidade. Ele é socialmente organizado, dividido e realizado. Assume assim um caráter não-alienado, já que os jovens trabalhadores participam de cada uma das suas etapas: desde o que vai ser plantado (na colônia agrícola) até o que será feito com os lucros. Resgatado assim o seu sentido, ele pode ainda assumir um caráter honorífico (a distinção de realizar a primeira ceifa) e festivo. O mutirão coletivo que é descrito na Festa da Colheita que está no *Poema pedagógico* deixa evidentes os fatores pelos quais o prazer e o sentido do trabalho podem ser resgatados: feito em mutirão, ritualizado e adornado, o trabalho é festa.

Aqui o caráter lúdico do trabalho vem da profunda compreensão do seu sentido pessoal e comunitário (para que e porque se trabalha), e da sua realização coletiva.

Ele pode assumir o tom lírico da festa campestre que termina em música e dança ao ar livre, ou o tom desafiador da tarefa difícil ou desagradável a ser enfrentada. Em qualquer dos dois casos, ele é honroso. Pode ser prêmio ou sanção aplicada pelo grupo em forma de corvéia: não é a atividade em si mesma, e sim a conotação social que a acompanha, que a transforma em honraria ou sanção. Sentido pessoal e sentido social tendem a se aproximar, graças à existência de fortes mecanismos de integração.

A noção de trabalho, em Makarenko, incorpora a de estudo, considerado forma de produção social mediata. Ele é necessário, não apenas ao indivíduo, mas à comunidade a que pertence, como forma de garantir o aperfeiçoamento das suas forças produtivas. Por esta razão, na colônia Gorki o número de horas de trabalho exigido de seus membros realizava-se metade no campo, (ou na oficina), e metade na sala de aula. Estudo é trabalho, e, como ele, obrigatório. O contrato social que regulava as relações entre indivíduo e comunidade impunha a esta a satisfação das necessidades básicas e de desenvolvimento cultural de todos os seus membros, e a estes a aceitação das regras estabelecidas por consenso, a mais importante das quais era a do trabalho.

Makarenko conseguiu assim constituir uma coletividade infanto-juvenil não apenas auto-suficiente, mas até contribuinte, realizando na URSS da década de vinte uma demonstração histórica cuja importância parecemos ter esquecido.

O horror justificado pelo trabalho que afasta a criança da escola produziu a aversão injustificada pelo trabalho na escola.

A concepção humanista do projeto Langevin-Wallon recuperou a concepção de estudo-trabalho, em um outro sentido: o de que, enquanto "trabalho social mediato", é suscetível de remuneração. Empenhado em impedir que o sistema escolar realizasse a "predestinação social dos destinos", levou os corolários da obrigatoriedade e universalidade escolares até suas últimas conseqüências: a gratuidade e a remuneração, quando a escola retira às famílias o produto do trabalho juvenil.

Esta idéia correta nos chegou eivada de um certo assistencialismo, que transforma o reconhecimento salarial da dignidade do estudo-trabalho em paternalismo.

Célestin Freinet, outro educador política mais do que psicologicamente inspirado, também chega a propor a educação pelo trabalho, como resposta a uma necessidade da própria criança: "É preciso, além disto, que este trabalho salvaguarde uma das tendências psíquicas mais urgentes, nesta idade sobretudo: o sentimento de poder, o desejo permanente de se ultrapassar, de ultrapassar os outros, de alcançar vitórias, pequenas ou grandes, de dominar alguém ou alguma coisa..." (Freinet, in Élise Freinet, 1983, p. 104).

Mas o trabalho, também aqui, é um trabalho "regenerado na sua origem desde a escola", cujo sentido pessoal é recuperado, auto-regulado em sua organização, reconhecido e valorizado nos limites da sua produção final.

Assim expurgado, pode pretender à denominação dialética de trabalho-jogo ou jogo-trabalho.

Acredito que estas breves indicações bastem para sugerir a necessidade de pensar (repensar) simultaneamente, articuladamente, as duas noções. Quando isto é feito, chega-se, por várias vias (psicogenética, pedagógica, política) ao mesmo ponto: à idéia de incorporação do jogo no trabalho.

Bibliografia

Meireles, Cecília. *Ou isto, ou aquilo.* Rio de Janeiro: Nova Fronteira, 1996.

Dewey, J. *Como pensamos.* São Paulo: CEN, 1979.

Freinet, É. *Itinerário de Célestin Freinet.* Lisboa: Horizonte, 1983.

Makarenko, A. S. *Poema pedagógico.* São Paulo: Ed. Brasiliense, 1987.

Merani, A. *Psicologia e Pedagogia.* Lisboa: Ed. Notícias, 1977.

(texto do Projeto Langevin-Wallon).

Wallon, H. *L' evolution psychologique de l'enfant.* Paris: PUF, 1950.

De como o Papai do Céu, o Coelhinho da Páscoa, os Anjos e o Papai Noel foram viver juntos no céu!

Ana Beatriz Cerisara

Tarde do mês de abril. Entro na sala das crianças de 3 a 4 anos de uma Creche Pública. As crianças estão alvoroçadas: vão receber uma visita especial. Quem será? A pergunta está estampada em todos os rostos... Até que batem à porta e, para surpresa geral, entra nada mais nada menos, do que o "Coelhinho da Páscoa" com uma cesta cheia de balas para distribuir entre as crianças! O agito é geral. A esta altura o "Coelho", meio atordoado, diz para as crianças: "Olha, eu sou o Coelhinho da Páscoa e trouxe estas balas prá vocês. Quem falou para eu vir encontrar vocês foi o Papai do Céu! Sabem por que? Porque ele queria que eu dissesse que ele ama muito vocês, viram?"

Enquanto alguns olham imobilizados, outros não conseguem conter sua curiosidade e fulminam o Coelho com comentários e perguntas: O Papai Noel também trouxe presentes prá nós, sabias? Tu vieste do céu? Então tu moras junto com o Papai Noel? Onde é que vocês moram?

Enquanto vai sendo distribuído um punhado de balas para cada criança, as perguntas continuam: Então, se foi o Papai do Céu que mandou estes presentes, tu moras junto com ele? E os anjinhos vão vir nos visitar também?

Diante deste discurso "meio incompreensível" para o Coelho, nenhuma resposta foi ouvida. Após a saída deste da sala, as crianças comentam enquanto saboreiam as balas: É, eu disse que ele morava no céu? E o Papai Noel mora junto com ele, né? É, eu vi ele voando lá fora! Mas, e o Papai do Céu?[1]

Esta situação pode ser adequada para nos auxiliar na reflexão acerca do modo como os sujeitos – no caso específico as crianças pequenas – se constituem em uma dada cultura, e da relação existente entre a atividade imaginadora e o mundo real na conduta humana.

Divergindo da visão que acredita estarem a imaginação ou a fantasia ligadas ao irreal, ao que não se ajusta à realidade, e que, portanto, carecem de valor prático, Vygotsky (1987), em seu ensaio psicológico *A imaginação e a arte na infância*[2], afirma que não há uma fronteira impenetrável entre a fantasia e a realidade, muito pelo contrário, defende a existência de diferentes formas de vinculação entre a atividade imaginadora e a realidade. Segundo ele, os processos criadores encontrados desde os primeiros anos da infância se refletem basicamente em suas brincadeiras ou jogos[3] e são produto de um tipo de impulso criativo, entendido como aquele que possibilita ao sujeito reordenar o real em novas combinações.

A situação descrita no início deste texto remete à seguinte questão: Afinal, de onde foi que as crianças tiraram esta idéia de que o Papai do Céu, o Coelho da Páscoa, os Anjos e o Papai Noel moram todos juntos no céu?

Para a Psicologia Sócio-histórica, a essência da vida humana é cultural e não natural, portanto, o fato de as crianças estarem reunindo

[1] Situação vivida quando da realização da supervisão do estágio em uma creche pública municipal das alunas do curso de Pedagogia, habilitação pré-escolar, no período de observação, em 97.1.

[2] Este ensaio foi escrito em 1930.

[3] O termo jogo será utilizado neste artigo segundo a definição de Elkonin: "uma atividade social na qual se reconstroem as relações sociais sem fins utilitários diretos". (1980, p. 22).

estes personagens, que, em nossa cultura, ocupam diferentes espaços em um novo campo de significados, pode ser explicado pela presença de um impulso criativo que possibilita realizar novas combinações a partir de elementos extraídos da realidade. Isso acontece porque tanto a atividade lúdica quanto a atividade criativa surgem marcadas pela cultura e mediadas pelos sujeitos com quem a criança se relaciona. Em outras palavras, as crianças só puderam criar esta nova síntese porque, em sua experiência anterior, já conheciam todos os elementos envolvidos, sem o que não teriam podido inventar nada. Para Vygotsky:

> *...a combinação destes elementos constitui algo novo, criador, que pertence à criança sem que seja apenas a repetição de coisas vistas ou ouvidas. Esta faculdade de compor um edifício com esses elementos, de combinar o antigo com o novo é a base da criação.* (idem, p. 12)

Além disso, vale destacar que o autor coloca como condição de todos os seres humanos, inseridos na cultura, a atividade criadora. Concordo com Rodari quando este define este livro[4] de Vygotsky como "o livrinho de ouro e prata", por apresentar, de seu ponto de vista, dois grandes méritos:

> *...primeiro, descreve com clareza e simplicidade a imaginação como modo de operar da mente humana; segundo, reconhece a todos os homens – e não a poucos privilegiados (os artistas) ou a poucos selecionados – uma comum atitude criativa, cujas diferenças revelam-se, no máximo, produtos de fatores sociais e culturais.* (1982, p. 139)

No entanto, mesmo entendendo a atitude criativa como constituidora de todos os homens, permanece a pergunta: Como se produz

[4] Vygotsky, L.S. *La imaginación e el arte en la infancia.* (ensaio psicológico). México: Hispanicas, 1987.

esta atividade combinadora criadora? De onde surge e a que está condicionada? Segundo Vygotsky, a realidade assume um papel junto ao mecanismo psicológico da imaginação e da atividade criadora que com ela se relaciona, e este mecanismo pode ser melhor compreendido a partir das diferentes formas de vinculação existentes entre a fantasia e o real na conduta humana. Vygotsky destaca algumas dessas formas:

A primeira delas se manifesta no fato de que a imaginação não cria nada que não seja tomado da experiência vivida. Ou seja, a base da criação é a realidade.

> *Diante disso encontramos a primeira e principal lei a que se subordina a função imaginativa: a atividade criadora da imaginação se encontra em relação direta com a riqueza e a variedade da experiência acumulada pelo homem, porque esta experiência é o material com o qual constrói seus edifícios de fantasia.* (idem, p. 17)

A segunda forma de vinculação amplia e ressignifica a anterior ao chamar a atenção para as vinculações existentes entre os produtos preparados pela fantasia e determinados fenômenos complexos da realidade. A essência desta construção reside na combinação, pela fantasia, de elementos da realidade adquiridos não pela experiência direta do sujeito, mas pela experiência alheia ou social, adquirida através de relatos, descrições etc. Neste caso, é a experiência que se apoia na imaginação, uma vez que depende da capacidade do sujeito de imaginar algo que não viveu.

A terceira forma de vinculação refere-se ao enlace emocional entre a fantasia e a realidade, que pode se manifestar de duas formas: de um lado, os sentimentos influenciam a imaginação, e de outro, ao contrário, é a imaginação que influi nos sentimentos. No primeiro caso, "as imagens se combinam reciprocamente, não porque tenham sido dadas juntas anteriormente, não porque percebamos entre elas relações de semelhança, mas sim porque possuem um tom afetivo comum". (idem, p. 22)

No segundo caso, a fantasia empresta uma linguagem interior aos sentimentos a partir da seleção de alguns elementos da realidade, que, combinados, respondem aos estados de ânimo interior dos sujeitos e não à lógica exterior contida nestas imagens.

Neste sentido, Vygotsky chama a atenção para o fato de que sentimento e pensamento movem a criação humana.

No caso das crianças, acima descrito, parece ser possível perceber a influência de elementos, não só das experiências vividas pelas próprias crianças, como também de elementos advindos de experiências alheias por elas ouvidas. Além disso, percebe-se também o forte laço emocional guiando este novo agrupamento dos personagens envolvidos indicando que:

> *As imagens se combinam reciprocamente não porque tenham sido dadas juntas anteriormente, não porque percebamos entre elas relações de semelhança, mas sim porque possuem um tom afetivo comum... são imagens possuidoras de um signo emocional comum.* (idem, p. 22)

A quarta forma de vinculação entre a realidade e a imaginação consiste, em sua essência, no fato de que a nova criação pode representar algo completamente novo, não existente na experiência do homem, nem semelhante a nenhum outro objeto real. Porém, ao se materializar, esta imagem, convertida em objeto, começa a existir realmente no mundo, exigindo novas organizações e influenciando os demais objetos. Um bom exemplo disso, em nossos dias, seria a presença do computador, que, ao existir na vida humana, traz consigo uma força ativa, nova, capaz de gerar modificações na forma de viver dos homens.

Segundo o autor, isso pode ocorrer tanto na esfera científica, técnica, da vida prática, quanto na esfera da imaginação artística, cujas obras de arte podem influenciar a consciência social em razão de sua lógica interna. Algumas obras artísticas são fortes não por sua força exterior, mas pela verdade interna que nelas está presente.

Toca-nos não por fora, mas por dentro, no mundo dos pensamentos, dos conceitos e dos sentimentos humanos.

Diante destas colocações, é possível compreender como o alto grau de permeabilidade, existente entre as esferas do real e do imaginário, permite constantes movimentos dialéticos entre uma e outra, com múltiplas e mútuas implicações. Além disso, percebe-se que a discussão em torno do imaginação, da capacidade criadora nos remete a pensar acerca da especificidade do mundo da brincadeira, no qual, segundo Vygotsky, as crianças pequenas se envolvem: um mundo ilusório e imaginário, onde os desejos não realizáveis podem ser realizados.

Segundo Elkonin[5], o interesse de Vygotsky a respeito da psicologia do jogo infantil surgiu a partir de seus trabalhos sobre a psicologia da arte e de seus estudos do desenvolvimento das funções significantes. Em seu livro *Psicologia del juego*, Elkonin traça o que denominou ser a *biografia das investigações* dos psicólogos russos neste campo, em que inicia relatando o diálogo estabelecido entre ele e Vygotsky nos anos de 1932 e 1933, a respeito da necessidade de se criar uma nova teoria do jogo[6] que significasse uma ruptura com as teorias vigentes. Este diálogo teve início quando Vygotsky assistiu a uma conferência proferida por Elkonin, em que este apresentou sua hipótese de que a unidade fundamental do jogo seria a situação imaginária, na qual a criança assume o papel de outra pessoa, realiza suas ações e estabelece suas relações típicas.

No começo do ano de 1933, Vygotsky proferiu algumas palestras sobre a psicologia infantil, sendo que algumas tratavam do jogo[7] e, em abril do mesmo ano, escreveu para Elkonin uma carta em que, além de expor suas idéias, indicava quais os caminhos que

[5] Elkonin (1904-1984) um dos principais seguidores de Vygotsky nos estudos sobre a psicologia do jogo infantil.

[6] O termo jogo está sendo utilizado neste trabalho no mesmo sentido dado ao jogo protagonizado, ao jogo de papéis, jogo de faz-de-conta e brincadeira.

[7] O capítulo "O papel do brinquedo no desenvolvimento" publicado na edição brasileira do livro *A formação social da mente*, foi escrito em 1933.

as investigações a respeito do jogo infantil deveriam seguir. Vale destacar alguns trechos:

> *- ...o jogo é um papel em desenvolvimento, a parte do papel orientada ao futuro, o que dele resulta; as regras são escola de vontade (o trabalho do escolar); e a situação fictícia é o caminho da abstração;*
>
> *- Expuseste como algo absolutamente certo, convincente e central pelo seu significado que a imaginação nasce no jogo: antes do jogo não há imaginação. Porém acrescenta outra regra mais a imitação (que me parece tão central e está tão ligada à situação fictícia) e obteremos os aspectos principais do jogo; se os esclarecemos, criamos uma nova teoria do jogo.* (Elkonin, 1980, p. 11)

Vygotsky já havia depreendido de suas investigações que as características ou elementos fundamentais da brincadeira são: a situação imaginária, a imitação e as regras. Contrapondo-se à concepção da brincadeira como fonte de prazer para a criança ou como instinto natural, indicava a importância de se descobrir quais as necessidades que a criança satisfaz na brincadeira, para que seja possível apreender a peculiaridade da brincadeira como uma forma de atividade.

Para isso é importante descobrir qual é a base da atividade humana, de onde ela se origina. Segundo o autor, a fonte da atividade lúdica é a mesma da ação criadora, que "reside sempre na inadaptação, fonte de necessidades, anseios e desejos."(1987, p. 36)

Dessa forma, na origem do jogo entrelaçam-se processos geradores de tensão na criança, que surgem pelo fato de esta começar a experimentar necessidades que não podem ser satisfeitas; pela tendência da criança de buscar satisfação imediata das suas necessidades e desejos e, finalmente, pela diminuição de sua capacidade de esquecer a não satisfação de outras necessidades, que é possível graças às transformações ocorridas em sua memória.

Quando a criança brinca, ela cria uma situação imaginária, sendo esta uma característica definidora do brinquedo em geral. Nesta situação imaginária, ao assumir um papel, a criança inicialmente imita o comportamento do adulto tal como ela observa em seu contexto.

Neste sentido, a imitação assume um papel fundamental no desenvolvimento da criança em geral, e na brincadeira em especial, na medida em que indica que primeiro a criança faz aquilo que ela viu o outro fazendo, mesmo sem ter clareza do significado desta ação, para então, à medida que deixa de repetir por imitação, passar a realizar a atividade conscientemente, criando novas possibilidades e combinações. Assim sendo, a imitação não pode ser considerada uma atividade mecânica ou de simples cópia de um modelo, uma vez que a criança, ao realizá-la, está construindo em nível individual o que observou nos outros.

As *situações imaginárias* criadas pela criança quando ela brinca estão interligadas com a capacidade de *imitação*, além de trazerem consigo *regras* de comportamento implícitas, advindas das formas culturalmente constituídas de os homens se relacionarem e com as quais as crianças convivem. O fato de estas regras estarem ocultas ou não explicitadas no jogo de papéis, não significa que elas não existam.

Neste contexto pode-se compreender porque o jogo, dentro da perspectiva sócio-histórica, deve ser considerado uma atividade social humana baseada em um contexto sociocultural a partir do qual a criança recria a realidade utilizando sistemas simbólicos próprios. Ela é, portanto, além de uma atividade psicológica, uma atividade cultural.

Vygotsky considera que "a essência da brincadeira é a criação de uma nova relação entre o campo do significado e o campo de percepção visual – ou seja, entre situações no pensamento e no campo da percepção". (1991, p. 118) Esta nova relação se estabelece também pelos usos que a criança faz dos signos, tendo a linguagem uma dimensão fundamental como comportamento de uso de signos mais importante ao longo do desenvolvimento da criança, uma vez que:

A linguagem incorporada à atividade prática da criança transforma essa atividade e a organiza em linhas inteiramente novas, produzindo novas relações com o ambiente, além de nova organização do próprio comportamento. (Vygotsky, 1988, p. 22)

As duas funções básicas da linguagem – de intercâmbio social e de pensamento generalizante – "possibilitam o salto qualitativo para as formas humanas de funcionamento mental, no qual a criança passa a operar não só no mundo imediato e concreto, mas com as representações que vai sendo capaz de fazer do mundo". (Cerisara, 1995, p. 72)

Assim sendo, no desenvolvimento da brincadeira, o comportamento da criança vai abandonando o campo perceptivo imediato e vai ingressando no campo dos significados:

...a criança opera com significados desligados dos objetos e ações aos quais estão habitualmente vinculados; entretanto, uma contradição muito interessante surge, uma vez que, na brincadeira, ela inclui também ações reais e objetos reais. Isto caracteriza a natureza de transição da atividade da brincadeira: é um estágio entre as restrições puramente situacionais da primeira infância e o pensamento adulto, que pode ser totalmente desvinculado de situações reais. (Vygotsky, 1991, p.112)

A evolução da brincadeira na criança se delineia, segundo Vygotsky, pelo desenvolvimento a partir de jogos em que há uma situação imaginária às claras e regras ocultas, para jogos com regras às claras e uma situação imaginária oculta.

A análise da estrutura de funcionamento da atividade lúdica da criança reflete uma relação constante entre a realidade e a fantasia, o que torna sua caracterização complexa, uma vez que não se limita a ser pura fantasia, entendida como negação da realidade, nem pura realidade transposta. As complexas e contraditórias relações que a criança estabelece na atividade lúdica entre os objetos, as ações, as regras e os significados, permite indicar que o jogo de papéis tem como característica:

> *...a existência permanente de uma alternância entre distanciamento e adesão da realidade, o que permite à criança que brinca dois tipos de movimentos opostos: a libertação e a imersão no real. Tanto um quanto outro movimento se modificam à medida que a criança vai desenvolvendo sua capacidade para brincar, dentro das condições histórico-culturais de que dispõe.* (Librandi da Rocha, 1994, p. 63)

Elkonin, em seus estudos sobre o jogo, tendo por base as formulações teóricas de Vygotsky[8], reafirma que o jogo é uma forma peculiar de atividade infantil e apresenta uma importante contribuição quando afirma que este tem como objeto o adulto, suas atividades e o sistema de suas relações com as outras pessoas. Em suas palavras:

> *O fundamento do jogo protagonizado em forma descolada*[9] *não é o objeto, nem seu uso, nem a mudança de objeto que o homem possa fazer, mas acima de tudo as relações que as pessoas estabelecem mediante suas ações com os objetos; não é a relação homem-objeto, mas a relação homem-homem.* (1980, p. 32)

Segundo ele, ainda, esta forma "descolada" do jogo possibilita compreender melhor a afinidade existente entre este e a arte, uma vez que o conteúdo de ambos inclui o sentido e as motivações desta vida. Tendo por base a concepção materialista da origem laboral da arte, afirma que tanto o jogo infantil quanto a arte são atividades com uma base genética[10] comum, uma vez que na história da humanidade o jogo não pode aparecer antes do trabalho ou da arte:

---

[8] O fato de Vygotsky ter morrido em 1934 impossibilitou que desse continuidade às suas investigações.

[9] O livro de Elkonin, na versão espanhola, é utilizado o termo "desplegada" para se referir à atividade lúdica como uma atividade sem fins utilitários diretos, por isso "desplegada". A tradução mais adequada deste termo parece ser descolada.

[10] Termo aqui empregado no sentido de gênese, origem.

> *...estou firmemente convencido de que não entenderemos absolutamente nada da história da arte primitiva se não nos compenetrarmos da idéia que o trabalho é anterior à arte e de que o homem, em geral, diante de objetos e fenômenos, primeiro os vê do ponto de vista utilitário e somente depois do ponto de vista estético.* (Plejánov, 1958, apud Elkonin, 1980, p. 21)

Afirma ainda que o que constitui a unidade fundamental e indivisível da evolução da forma do jogo é justamente o papel e as ações a ele ligadas, pois nele estão representados, em união indissociável, a motivação afetiva e o aspecto técnico-operativo da atividade. Assim sendo, "uma das motivações principais do jogo é obrar como um adulto. Não é ser adulto, mas agir como os adultos". (1980, p. 32)

Outra importante contribuição deste autor foi a de explicitar a origem social e cultural do jogo, ao apontar como os temas ou conteúdos dos jogos infantis variam de acordo com inúmeros fatores, tais como o momento histórico, a situação geográfica, a cultura, a classe social, pois, se varia a atividade concreta das pessoas e suas relações com a vida, também são variáveis e mutáveis os temas dos jogos.

Estas são algumas entre tantas contribuições de Vygotsky a respeito da teoria psicológica do jogo. Tentei levantar aspectos presentes nesta teoria que tem sido pouco divulgados nas publicações realizadas sobre este tema no Brasil, a fim de contribuir para a ampliação do debate em torno do papel da brincadeira na vida da criança. Vale ressaltar que fiz esta síntese do ponto de vista de uma pedagoga da área da educação infantil preocupada com a formação de seus educadores.

DAS EDUCADORAS ÀS CRIANÇAS PEQUENAS: O ATO CRIATIVO EM FOCO

As idéias a respeito do jogo infantil, enquanto uma atividade criadora, presentes na teoria sócio-histórica, evidenciam a necessidade de se refletir acerca do papel do mesmo na formação das educadoras que trabalham com meninas e meninos em creches e pré-escolas públicas.

Mais uma vez recorro à experiência vivida para trazer novos elementos à reflexão: durante a realização do estágio em uma creche, após um período de observação, constatamos que as educadoras raramente brincavam com as crianças, apenas interferiam diante de conflitos ou brigas entre as crianças. Resolvemos então, as estagiárias e eu, conversar com estas educadoras, aproveitando a reorganização do espaço da sala, em que estavam sendo estruturadas várias zonas circunscritas: da casinha, da tenda da leitura, do espaço das fantasias, do brinquedo.

Esta organização, preparada pelas estagiárias, visava possibilitar que as crianças brincassem em pequenos grupos com os diferentes materiais colocados à sua disposição, sem a necessidade de serem dirigidos diretamente pelos adultos. Isto, no entanto, não significava não participação dos adultos, ao contrário, compartilhávamos com Oliveira a idéia de que:

> *O educador pode desempenhar um importante papel no transcorrer das brincadeiras se consegue discernir os momentos em que deve só observar, em que deve intervir na coordenação da brincadeira, ou em que deve integrar-se como participante das mesmas.* (Oliveira *et alii*, 1992, p. 102)

Assim, depois de conversarmos com as educadoras sobre a importância da sua participação nas brincadeiras de faz-de-conta junto com as crianças, sugerimos que assim procedessem. No entanto, diante desta proposta, as mesmas tiveram uma reação de estranhamento: Como assim brincar com as crianças? Brincar de mamãe e filhinho? Passado o primeiro impacto, uma delas acabou dizendo que não brincava com as crianças de casinha, ou de médico, porque ela não sabia como fazê-lo, pois quando pequena ela não havia brincado de boneca ou de casinha, mas sim brincara de subir em árvores, de correr. Diante desta fala, pude ressignificar o que antes eu lia como "dureza" desta educadora e entender que ela não poderá partilhar o brincar com crianças de forma prazerosa, enquanto esta atividade não se constituir em atividade significativa e vivenciada por ela própria.

A estranheza destas educadoras frente àquele pedido de brincarem com as crianças não é exclusiva das educadoras desta creche. Esta atitude de considerar as brincadeiras de faz-de-conta realizadas pelas crianças, ainda hoje, como menos importantes, para as quais o adulto dá pouca ou nenhuma atenção, se deve ao fato de as creches ainda organizarem seu trabalho pautadas pelo modelo escolar, em que a sala se constitui no lugar das atividades dirigidas pelo adulto e não em um espaço voltado para a brincadeira.

Cabe aqui uma pergunta: Diante de tudo que tem sido produzido nas mais diferentes áreas de conhecimento (Psicologia, Antropologia, Sociologia entre outras), nos últimos anos, acerca da importância da brincadeira na vida das crianças, o que faz com que, ainda hoje, as educadoras das creches permaneçam sem conseguir se apropriar destas idéias em seu trabalho pedagógico junto a estas? O problema será de fundamentação teórica? Mas os cursos que formam estas profissionais não têm exaustivamente tratado deste tema? Onde, então, reside o problema? O que estará colaborando para a existência deste hiato entre o discurso teórico, que enfatiza a importância do brincar não só como atividade psicológica, mas como atividade cultural e social, e o tratamento dado à brincadeira no cotidiano das instituições de educação infantil? Cyrce Andrade, afirma que:

> *Mais importante que os adultos sejam pessoas que saibam jogar, é fundamental que se recupere o lúdico no universo adulto. "Saber jogar" é mais do que mostrar algumas brincadeiras e jogos às crianças, é sentir prazer no jogo... Se é difícil encontrar hoje adultos privilegiados nesta convivência com o lúdico, mais difícil ainda imaginá-los entre os educadores de comunidade de baixa renda.* (1994, p. 97)

Eu acrescentaria que, por motivos distintos, também as educadoras, com um nível socioeconômico melhor e com formação superior, apresentam dificuldade em lidar com o lúdico. Isto ocorre não só por confundirem atitude intelectual e teórica com ausência de ludicidade, mas fundamentalmente porque, na forma como estão estruturados, nos cursos que pretendem formar educadoras para trabalhar com crianças de 0 a 6 anos em instituições educativas – creches e pré-escolas – não existe lugar para o exercício da imaginação e da criação nas mais diferentes formas de expressão, sejam elas plásticas, dramáticas e corporais, literárias e musicais. Em sua grande maioria, as grades curriculares apresentam uma concepção fragmentada sobre as relações existentes entre pensar, sentir, imaginar, brincar e criar. Ou seja, há uma concepção de saber equivocada, que o vê apenas em sua dimensão "científica", tal como aponta Kramer. Segundo ela é necessário entender que:

> *...o saber abrange a dimensão científica, mas abrange igualmente a produção cultural, a literatura, a poesia, a arte em geral e a arte presente no cotidiano. O saber engloba a dimensão artística.* (1993, p. 196)

Com relação à necessidade de se encontrar formas para recuperar o lúdico no universo das educadoras, Cyrce Andrade destaca a importância de se recuperar as histórias das brincadeiras e brinquedos destas profissionais como forma de torná-las mais atentas à questão do brincar.

Isto remete à importância da memória, entendida como um instrumento que permite ao homem interrogar o presente, como um meio de atravessá-lo e não de encobri-lo. Portanto, a volta ao passado constitui uma forma de apropriação da própria vida pelas educadoras, entendida como parte do processo de sua formação. José Moura Filho auxilia a compreender a memória dentro desta perspectiva:

> *A memória pode despertar a dignidade e o ânimo contra a humilhação. A memória pode buscar valores qualitativos das coisas e das pessoas contra a desqualificação. Desse modo, a memória pode nos devolver a relação profunda com*

a experiência humana. A memória pode ser o apoio extremamente decisivo para a construção da identidade, para o estabelecimento de uma posição no mundo acerca de quem sou eu, de onde venho e acerca do que desejo e amo. A memória pode fazer ver faces do mundo que a época tende a encobrir. (1991, p. 17)

Pode-se dizer, portanto, que, sem um trabalho direto de resgate com estas educadoras e, em alguns casos, de criação de condições para que realizem atividades lúdicas e criadoras, não conseguiremos transformar estas instituições em espaço de construção de crianças criativas, autônomas e felizes e, portanto, capazes de construir um jeito novo de viver.

Este trabalho supõe a construção de políticas públicas que entendam a educação no âmbito de uma política cultural, que possibilite às educadoras o acesso aos bens materiais e culturais produzidos pela humanidade. Neste contexto, é preciso pensar estratégias tanto de formação continuada para as educadoras de crianças pequenas, quanto de formação inicial das alunas dos cursos de magistério e de pedagogia pré-escolar, que, ao levar em consideração as pessoas que são, suas histórias de vida, seu contexto sociocultural, possibilite a recuperação do lúdico e da capacidade artística. Só assim conseguiremos recuperar nas instituições de educação infantil o lúdico e o criativo.

Bibliografia

Andrade, Cyrce M. R. J. "Vamos dar a meia-volta e meia volta vamos dar: o brincar na creche". in: Oliveira, Zilma de M. R. de.(org.) *Educação infantil: muitos olhares.* São Paulo: Cortez, 1994.

Cerisara, Ana Beatriz. "A educação infantil e as implicações pedagógicas no modelo histórico-cultural". *Cadernos Cedes* nº 35: pp. 65-78, Campinas: 1995.

_________. *Articulação entre vida pessoal e vida profissional da educadora de crianças de 0 a 6 anos: um estudo sobre situações interativas.* São Paulo: 1995. (mimeo)

Elkonin, Daniel B. *Psicologia del juego.* Madrid: Visor Libros, 1980.

Filho, José de Moura G. "Memória e Sociedade". *Revista memória e ação cultural.* São Paulo: Departamento do Patrimônio Histórico 200, 1991.

Kramer, S. *Por entre as pedras: arma e sonho na escola.* São Paulo: Editora Ática, 1993.

Rodari, Gianni. *Gramática da fantasia.* São Paulo: Summus editorial, 1982.

Rocha, M. S. P. de M. Librandi. *A constituição social do brincar: modos de abordagem do real e do imaginário no trabalho pedagógico.* Dissertação de Mestrado UNICAMP, Campinas: 1994. (mimeo)

Oliveira *et alii. Creches: crianças, faz-de-conta & cia.* Petrópolis: Vozes, 1992.

Vygotsky, L.S. *A formação social da mente.* 4ª ed. São Paulo: Martins Fontes, 1991.

__________. *Pensamento e linguagem.* 1ª ed. São Paulo: Martins Fontes, 1987.

__________. *La imaginación e el arte en la infancia.* (ensaio psicológico). México: Hispanicas, 1987.

__________. *La imaginación y su desarrollo en la edad infantil.* in: Vygotsky, L.S. *Obras escogidas* II. Madrid: Visor Distribuciones, 1982.

CAPÍTULO 7

BRUNER E A BRINCADEIRA

TIZUKO MORCHIDA KISHIMOTO

Jerome Seymour Bruner nasceu em Nova Iorque, em 1915. Fez doutoramento em Psicologia, na Universidade de Harvard, sendo professor em várias Universidades como Harvard (EUA) e Oxford (Inglaterra).

Seus primeiros estudos sobre Psicologia Comparada e Opinião Pública datam, de 1939 e 1941 a 1946. Durante a II Guerra Mundial publica artigos sobre o nazismo, guerra e paz. Nessa fase analisa questões relativas a atitudes grupais, propaganda e preconceito, concluindo que as opiniões e atitudes das pessoas afetam o processo de percepção.

Seus estudos, considerados "a new look" em percepção, durante o período de 1946 a 1958, estabelecem relações entre percepção e cognição, interferindo na visão de mundo do indivíduo.

O olhar sobre a cognição, especialmente entre 1951 a 1962, culmina com a publicação de *A study of thinking* (1956), em que analisa o processo de construção de conceitos.

Para o psicólogo, desde 1959, as questões cognitivas estão estreitamente relacionadas com a cultura e a educação.

Foi um dos grandes representantes da reforma curricular dos EUA na década de sessenta, ao valorizar a estrutura das disciplinas do conhecimento. Em *The process of Education* (1960), *Toward a Theory of*

Instruction (1966) e *The relevance of Education* (1971), desenvolve conceitos sobre currículo em espiral, aprendizagem criativa, instrução e cultura.

As pesquisas sobre o jogo sistematizam-se com a investigação de competências na infância e como as espécies animais adquirem condutas mais complexas com o uso do jogo.

O artigo "Nature and uses of immaturity", publicado inicialmente na revista *American psychologist* (1972), expõe suas concepções sobre o papel do jogo e da imitação na evolução da educabilidade das espécies.

O jogo é visto como forma de o sujeito violar a rigidez dos padrões de comportamentos sociais das espécies. A interação mãe-cria, desde cuidados iniciais com a alimentação, catar piolho e brincar é fundamental para a aquisição de padrões de comportamento dentro do grupo. Os cuidados maternais e a proteção da comunidade aos jovens geram modificações qualitativas na conduta dos animais. Um longo período de jogo, com a participação da mãe e de outros parceiros, o declínio do uso de punições como forma de induzir o mais jovem aos padrões da espécie criam um modelo: o jovem observa o adulto, imita-o e expressa tais condutas pelo ato de brincar. Bruner sugere que um longo período de oportunidades opcionais, de exploração, é essencial para o desenvolvimento do uso de ferramentas.

O jogo ao ocorrer em situações sem pressão, em atmosfera de familiaridade, segurança emocional e ausência de tensão ou perigo proporciona condições para aprendizagem das normas sociais em situações de menor risco. A conduta lúdica oferece oportunidades para experimentar comportamentos que, em situações normais, jamais seriam tentados pelo medo do erro e punição. O uso pelos antropóides de complexas ferramentas parece estreitamente relacionado à aprendizagem por observação, à dissociação de componentes de um objeto para uso em novos arranjos e interação mãe-cria.

Bruner investiga os efeitos do fenômeno lúdico entre pré-escolares, o que requer novos paradigmas compatíveis com a natureza de ser humano simbólico.

Com a fundação do Centro de Estudos Cognitivos da Universidade de Harvard, em 1960, desenvolve sua teoria sobre o brincar, em parceria com o lingüista George Miller. Enquanto pesquisa processos cognitivos e a educação, Miller estuda a linguagem, influenciado por Chomsky (1969a e 1969b) e sua revolucionária teoria da gramática gerativa. Assumindo o pressuposto cartesiano de que a estrutura da linguagem não é fixa mas aberta a novas criações, Chomsky sinaliza que a criação de palavras e sentenças é possível quando se conhecem as regras de composição. É o que ocorre com crianças pequenas em fase de aprendizagem da língua. As frases aparentemente destituídas de sentido representam o exercício de aplicar regras de uso de linguagem. Se para aprender a falar é preciso compreender não só o significado das palavras mas as regras de composição da sentença, o aprendizado do brincar segue o mesmo princípio. Bruner investiga, nos anos 70, a brincadeira dentro dos mesmos paradigmas da linguagem, tomando como referência o desenvolvimento da criança, descrito em *Studies in cognitive growth* (1966), em que especifica as formas de compreensão do mundo que subsidiam a conduta infantil: enativa (motricidade), icônica (imagens) e simbólica (símbolo).

As competências para investigar o ambiente estão relacionadas com a capacidade do indivíduo de construir os instrumentos adequados: formas sensório-motora ou imagens mentais ou palavras. Em *The growth and structure of skill* (Bruner, 1974, pp. 245-270), descreve destrezas sensório-motoras do ser humano e como elas evoluem até à utilização de ferramentas. A habilidade se desenvolve para orquestrar módulos de ações sensório-motoras dentro de um programa de ação como pegar objetos para levar à boca, sob a orientação visual e o uso das duas mãos para a realização de tarefas (crianças de 4 a 17 meses). A obra síntese: *The growth of competence* (Bruner & Conolly, 1974) analisa a natureza, origem e evolução da competência e a importância do jogo para a aprendizagem de comportamentos sociais e o uso de ferramentas.

Bruner (1978, 1986, 1983, 1976) aponta a potencialidade da brincadeira para a descoberta das regras e aquisição da linguagem.

Ao brincar com a mãe de esconder o rosto com a fralda, a criança engaja-se na brincadeira e compreende as regras que integram a seqüência de ações e verbalizações. Essas etapas são acompanhadas de verbalizações que as identificam:

Carlinhos! (o olhar compartilhado-comunicação inicial)

Vamos brincar? (consentimento para início da brincadeira)

Onde está a mamãe? (ação de esconder o rosto)

Uá! Achou! (ação de achar)

Ao repetir a brincadeira nos contatos interativos com adultos, a criança descobre a regra, ou seja, a seqüência de ações que compõem a modalidade do brincar e não só a repete mas toma iniciativa, altera sua seqüência ou introduz novos elementos. O aparecimento de ações iniciadas pela própria criança, de novas seqüências como cobrir o próprio rosto ou o de um bichinho de pelúcia representa o domínio das regras da brincadeira. Ao alterar o curso da brincadeira pelo prazer que dela emana, desenvolve a competência em recriar situações, conduta criativa tão necessária nos tempos atuais. Tais brincadeiras interativas contribuem ao desenvolvimento cognitivo e, ao mesmo tempo, ao aprendizado das frases que as acompanham.

Bruner assinala como relevante nas brincadeiras interativas a ação comunicativa entre mãe e filho que dá significado aos gestos e permite à criança decodificar contextos e aprender a falar. Ao descobrir regras, em episódios altamente circunstanciados, a criança aprende a falar, iniciar a brincadeira e alterá-la. A aprendizagem da língua materna é mais rápida, quando se inscreve no campo lúdico. A mãe, ao interagir com a criança, em situações lúdicas, cria um esquema previsível de interação que funciona como microcosmo, um mundo de significações bastante simples, que permite comunicar e compartilhar realidades. O ato comunicativo, circunstanciado em culturas, de povos e pessoas que falam a mesma língua e compreendem os mesmos gestos, está nas origens de toda representação simbólica como diz Bateson, em *Vers une écologie de l'esprit* (1977), onde descreve o jogo a partir da metacomunicação. Para o autor, os jogos só são possíveis quando há sinais compartilhados pelos mesmos grupos sociais. Entretanto, Bateson observa que o conteúdo das mensagens veiculadas pelos sinais não existe. O jogo é um fenômeno cujas ações estão ligadas a outras ações, de "não jogo". No jogo, os sinais valem por outros eventos. Ao usar um cabo de vassoura como cavalo, o objeto cabo de vassoura denota o cavalo, que não existe na realidade, apenas na imaginação, na metacognição, na substituição de significados. Para Wittgenstein (1964), o significado é explicitado pelo contexto e uso gerando a variedade de manifestações que se materializa no que denomina "família de jogos", permitindo a Henriot (1981) apontar a polissemia, o expectro de cores, a analogia de situações, o sentido metafórico que dá ao ato lúdico a potencialidade de significar coisas diversas.

A relação entre o brincar, a aquisição de regras e o desenvolvimento da linguagem é analisada em várias obras (Bruner, 1983, 1978). *Games, social exchange and the acquisition of language* (Bruner, Ratner, 1978), considera as brincadeiras de esconder, como relevantes para o desenvolvimento cognitivo, estimulando a aprendizagem da linguagem e a solução de problemas. Ao propor o lúdico para ensinar crianças de diferentes idades, em situações estruturadas, com a mediação de adultos, Bruner concebe-o como forma de exploração, estratégia que leva ao pensamento divergente, por sua característica pouco opressora e estimuladora da criatividade.

A premissa de que qualquer conteúdo pode ser ensinado a qualquer criança de qualquer idade, desde que respeitadas as formas de pensar do sujeito que aprende envolve uma concepção de aprendizagem que privilegia a exploração e solução de problemas.

Ao brincar, a criança não está preocupada com os resultados. É o prazer e a motivação que impulsionam a ação para explorações livres. A conduta lúdica, ao minimizar as conseqüências da ação, contribui para a exploração e a flexibilidade do ser que brinca, incorporando a característica que alguns autores denominam futilidade, um ato sem conseqüência. Qualquer ser que brinca atreve-se a explorar, a ir além da situação dada na busca de soluções pela ausência de avaliação ou punição. Bruner (1978, p. 45) entende que a criança aprende ao solucionar problemas e que o brincar contribui para esse processo. Aponta 3 elementos que participam da aprendizagem: a aquisição de nova informação, sua transformação ou recriação e avaliação.

A aquisição de nova informação varia conforme a metodologia empregada: aprendizagem dirigida, com informações e explicações do professor ou ação da criança, visando a descoberta, por meio de brincadeiras. Bruner entende que a aprendizagem centrada na criança permite a compreensão significativa da informação bem como sua transformação ou recriação e rápida recuperação. A transformação é processo de internalização que reorganiza a informação dentro da estrutura de idéias disponíveis e a avaliação representa sua compatibilidade e possibilidade de expressão. A teoria de aprendizagem criativa parte de conhecimentos adquiridos pela criança. Não há geração espontânea de informação.

O *Processo da Educação* (1978) destaca o papel da intuição e análise no desenvolvimento infantil. Ao jogar boliche a criança pequena tem como analogia um padrão de medida representado pela garrafa que derruba. A correspondência bi-unívoca aparece de forma intuitiva na relação ainda confusa entre a queda dos alvos e sua quantidade, quando pode ocorrer uma primeira tentativa de construção do conhecimento. Entretanto, a aquisição do conceito de número requer notações numéricas, que devem ser efetuadas com a organização do conhecimento, transmissão de informações. O ato lúdico representa um primeiro nível de construção do conhecimento, o nível do pensamento intuitivo, ainda nebuloso, mas que já aponta uma direção. O prazer e a motivação iniciam o processo de construção do conhecimento, que deve prosseguir com sua sistematização, sem a qual não se pode adquirir conceitos significativos. É o que Bruner (1978) chama pensamento intuitivo e analítico, ou mais recentemente (1996), raciocínio narrativo e lógico-científico. É como a construção de uma gravura sobre um tema, com contornos ainda pouco nítidos, detalhados posteriormente, com tonalidades diversas.

Ao estudar crianças pequenas, Bruner percebe a importância da brincadeira no desenvolvimento de suas competências. *Le développement de l'enfant: savoir faire, savoir dire* (Bruner, 1983) e *Nature and uses of immaturity* (Bruner, 1976) explicitam como as mãos representam o instrumento primeiro da evolução dos primatas, garantem a resolução de problemas e desempenham papel importante no desenvolvimento cognitivo, quando utilizadas como saber-fazer pelos seres humanos. Nas brincadeiras, as crianças têm inúmeras oportunidades de explorar e, quando necessário, com pequena supervisão do adulto solucionam problemas. Bruner entende supervisão como um sistema de trocas interativas. O supervisor procede conforme sua compreensão daquele que aprende a fim de engajá-lo na ação, reduzindo os graus de liberdade da tarefa aos limites adequados, mantendo a orientação para a resolução de problemas, assinalando características determinantes, controlando a frustração e mostrando soluções possíveis. Embora valorize a ação livre e iniciada pela criança, a exploração requer ambiente que propicie estímulo e orientação. *"La conscience, la parole et la 'zone proximale': réflexions sur la théorie de Vygotsky"* (in Bruner, 1983) sintetiza suas idéias sobre o papel da supervisão, assinalando como a mediação do adulto possibilita a aquisição de um sistema de signos, como a linguagem, essenciais para a tomada de decisão.

"L'organization des premiers savoir-faire" (in Bruner, 1983), publicada originalmente em *Child development* (1973, 444, pp. 1-11), analisa a brincadeira como saber-fazer, que possibilita a coordenação de ações mão-olho-cérebro, como competência necessária para o desenvolvimento do ser humano. Para que surja o saber-fazer é necessária a intenção, a definição de um objetivo e meios para atingi-lo. A intenção desencadeia ações que se organizam de modo rudimentar, visando obter o resultado desejado. A informação recebida reorganiza as configurações iniciais grosseiras em busca de resultados. Dessa forma, torna-se possível a construção de ações dirigidas, mais elaboradas, a partir de seqüências previamente estruturadas que mantêm a atividade.

Pegar um brinquedo ao seu alcance representa a apreensão sob controle visual e ilustra como um objeto pode induzir o olhar, criar uma intenção que se materializa na ação da boca, língua e maxilares, ou uma atividade dos braços e ombros, um fechamento das mãos e um gesto de agarrar. Por ser uma ação iniciada e mantida pela criança, a brincadeira possibilita a busca de meios, pela exploração, ainda que desordenada, e exerce papel fundamental na construção do saber-fazer.

A brincadeira possibilita efetuar a maturação de rotinas modulares no sentido de sua integração aos programas de ações mais amplas. Parece servir igualmente como uma espécie de ensaio de rotinas. É importante a imitação de esquemas de adultos, mas não por intervenção direta. A influência indireta permite a observação, identificação e ação intencional da criança no sentido de repetir e de recriar, contribuindo para seu desenvolvimento. Oferecer oportunidades para visualizar diferentes formas de fazer estimula o surgimento de imitações e repetições de ações. Em situações de brincadeira a criança desenvolve a intencionalidade e a inteligência. O saber-fazer se enriquece em parceria com adultos, sobretudo mãe-criança, em que se ofereça a possibilidade de coordenar mãos, visão e o cérebro, em atividades repetitivas necessárias para a observação e identificação das regras para desenvolver habilidades complexas como enfatiza Van Lawick Goodal (in Bruner, 1983).

Bruner, como Vygotsky, relaciona a cultura e o uso de ferramentas ao desenvolvimento da inteligência. O lúdico, ao processar-se em ambiente sem pressões, produz flexibilidade que prestigia a busca de ferramentas. Estudos de laboratórios indicam a necessidade do jogo ao converter materiais em fins instrumentais. Utilizam-se problemas envolvendo um ciscador de alimentos com paus de comprimentos variados. Poucos têm sucesso antes do jogo. Os animais de Birch, exploram durante 3 dias a capacidade para alongar uma arma. Colocados em situação de testes, resolvem o problema em meio minuto, o que demonstra que a competência no alongamento da arma, adquirida em situação de brincadeira, possibilitou uma rápida resolução do problema (Bruner, 1972).

O autor participa de projetos na Universidade de Oxford (1975 a 1979) para avaliar o desempenho das instituições de desenvolvimento infantil. *Under five in Britain* (1980), é o resultado de tais estudos. Comparando os estabelecimentos ingleses destinados às crianças até 5 anos, como escolas maternais, creches familiares, centros de educação infantil e grupos de jogos, conclui que as atividades lúdicas, nos grupos de jogos, possibilitam a aquisição de experiências cognitivas relevantes, o atendimento de necessidades físicas e sociais da mesma forma que outras organizações mais dispendiosas.

Juego, pensamiento y lenguage (Bruner, 1986), texto de uma Conferência para Preschool Playgroups Association, no País de Gales, em março de 1983, faz uma síntese das principais funções do jogo entre pré-escolares, visando ao desenvolvimento de seu potencial.

Embora o jogo seja compreendido como ação livre da criança, seu uso denota valores presentes em cada cultura relacionados a competências ou competições. Em sociedades como a Nova Guiné, os jogos não terminam com um ganhador, priorizando-se a participação. É o culto da igualdade, característica dessa cultura.

O jogo é, também, uma forma de socialização que prepara a criança para ocupar um lugar na sociedade adulta (Brougère, 1995). O conhecimento das modalidades lúdicas garante a aquisição de valores para a compreensão do contexto. No século passado, nas regiões canavieiras, meninos de engenho brancos, brincavam de capabode[1], brincadeira de faz-de-conta em que simulavam ser donos de engenho de açúcar. A brincadeira reproduz o preconceito contra o negro, impedindo-o de assumir o papel de proprietário de engenho de açúcar (Kishimoto, 1993). Convenções sociais, preconceitos e formas de socialização acompanham as brincadeiras de todos os tempos.

Outra função atribuída ao jogo é a terapêutica, importante para preparar para a vida social e emocional. Embora não se possa gene-

[1] Em Belém, bode significa um pedaço de pau roliço amarrado.

ralizar pesquisas de animais para o campo humano, tem-se observado que macacos criados em laboratórios, com 20 minutos de jogos diários com parceiros, não perdem a capacidade intelectual e social, o que não ocorre com os que permanecem isolados.

Pesquisas realizadas com pré-escolares demonstram que a brincadeira contribui para o desenvolvimento mental. Crianças de 3 a 5 anos submetidas a uma situação-problema – retirar um giz dentro de uma caixa sem sair do lugar, usando palitos, cordas e ganchos – foram colocadas em três grupos: o primeiro brinca com materiais antes da experiência, o segundo recebe uma demonstração de como se juntam cordas com ganchos e o terceiro, instruções sobre o material e o que deve fazer. Os resultados indicam que o grupo que brincou com o material resolveu o problema de forma mais competente que outros, por não estarem tensos, não temerem o fracasso e aceitarem sugestões.

O brincar também contribui para a aprendizagem da linguagem. A utilização combinatória da linguagem funciona como instrumento de pensamento e ação. Para ser capaz de falar sobre o mundo, a criança precisa saber brincar com o mundo com a mesma desenvoltura que caracteriza a ação lúdica. Lingüistas como Ruth Weir e Katherine Nelson falam das conversações de crianças pequenas, em seus monólogos noturnos, que são pequenos experimentos de combinação de linguagem. O que faz a criança desenvolver seu poder combinatório não é a aprendizagem da língua ou da forma de raciocinar, mas as oportunidades que têm de brincar com a linguagem e o pensamento.

Bruner destaca um ponto fundamental para educadores: a brincadeira livre contribui para liberar a criança de qualquer pressão. Entretanto, é a orientação, a mediação com adultos, que dará forma aos conteúdos intuitivos, transformando-os em idéias lógico-científicas, característica dos processos educativos. Suas experiências demonstram que as seqüências mais duradouras e elaboradas de brincadeiras se obtinham com materiais que conduzem a um fim. Água, argila e areia não foram significativos porque não possibilitaram relação recíproca entre meio e fim. A brincadeira livre deve ser complementada com outras atividades não lúdicas, destinadas a materializar as intenções e os projetos das crianças.

A presença do adulto não só física mas estimuladora favoreceu concentração prolongada e elaboração complexa, conclui Bruner.

O jogo elaborado, prolongado, variado é mais útil para o ser humano que o estereotipado, vazio e descontínuo. Para a criança e o adulto é o espaço para usar a inteligência, um banco de provas, viveiro para experimentar formas de combinar o pensamento, linguagem e fantasia. As crianças que brincam geralmente não estão sós. A escola não deve cultivar apenas a espontaneidade, já que os seres humanos necessitam de diálogo, do grupo.

O jogo livre oferece à criança a oportunidade inicial e a mais importante para atrever-se a pensar, a falar e ser ela mesma. Combinar momentos de brincadeira livre e atividades orientadas parece ser estratégia recomendada pelo autor.

Para Bruner (1996b), a cultura e a análise narrativa da realidade preparam a criança para adquirir o saber como um fazer. Como Vygotsky relaciona a cultura, a inteligência e a educação, mostrando que todo ser humano está inserido dentro de um contexto cultural que determina suas formas de pensar e agir, molda sua inteligência e que a educação, quando se realiza pela narrativa, contribui para que a criança desenvolva sua representação peculiar do mundo.

Enriquecer o imaginário da criança brasileira significa introduzir em sua experiência a riqueza folclórica, com suas lendas sobre a fauna e flora: vitória-régia, gibóia, boto cor-de-rosa, seres que habitam regiões da Amazônia e Mato Grosso. Reviver as festas e os contos populares, reproduzir os personagens típicos do Nordeste, do agreste e da caatinga, das zonas de garimpagens, dos pampas e regiões pantaneiras significa abrir a porta da cultura, oferecer o acervo de imagens sociais e culturais que enriquecem o imaginário.

A relevância dos contos que se transformam em personagens de brincadeiras é atestada por pintores como Portinari, que retrata a mula-sem-cabeça representando o pegador nas noites escuras de Brodoski. Romancistas, como Rego (1966), em *Menino de engenho*, contam suas lembranças dos tempos do engenho de açúcar, quando brincavam de capabode ou de simular o Antonio Silvino, cangaceiro do Nordeste, empunhando armas e organizando batalhões (Kishimoto, 1993). As imagens sociais dos tempos passados perdem-se, guardadas em gavetas que não foram mais abertas em virtude do novo modo de vida dos tempos atuais que impede a transmissão oral em espaços públicos. Cabe à escola tornar disponível o acervo cultural que dá conteúdo à expressão imaginativa da criança, abrir o espaço para outros elementos da cultura que não a escolarizada. Vygotsky (1988) revolucionou a Psicologia, ao mostrar que a cultura forma a inteligência e que a brincadeira de papéis é atividade predominante do pré-escolar que favorece a criação de situações imaginárias, de reorganização de experiências vividas. Bruner (1996b) reforça essa perspectiva, ao mostrar que a educação deve ser permeada pela cultura.

As brincadeiras de faz-de-conta são mais duradouras, com efeitos positivos no desenvolvimento, quando há imagens mentais para subsidiar a trama. Crianças que brincam aprendem a decodificar o pensamento dos parceiros por meio da metacognição, o processo de substituição de significados, típico de processos simbólicos. É essa perspectiva que permite o desenvolvimento cognitivo. Uma educação que expõe o pré-escolar aos contos e brincadeiras carregadas de imagens sociais e culturais contribui para o desenvolvimento de representações de natureza icônica, necessárias ao aparecimento do simbolismo. Possibilitar que o ser humano desenvolva-se pelo movimento (enativo), pelo grafismo e imagens mentais (icônico) e atinja o lógico-científico (simbólico) significa respeitar suas formas de representação do mundo.

Bruner(1996a) postula o equilíbrio entre o desenvolvimento pessoal e social, mantendo a integridade e estabilidade cultural, reconhecendo talentos nativos mas equipando as crianças com os instrumentos da cultura, respeitando valores locais mas não esquecendo os universais. Permanecer apenas nas experiências e identidades locais é transformar a multiculturalidade em uma torre de Babel. O ato mais importante do ser humano, a criação e recriação da cultura, requer a brincadeira e a orientação do adulto, para o acesso ao acervo cultural e suas ferramentas.

Bruner valoriza a brincadeira desde o nascimento da criança, como elemento constitutivo de ações sensório-motoras, que respondem pela estruturação dos primeiros conhecimentos construídos a partir do que denomina saber-fazer. Pela brincadeira a criança aprende a se movimentar, falar e desenvolver estratégias para solucionar problemas. A brincadeira tem papel preponderante na perspectiva de uma aprendizagem exploratória, ao favorecer a conduta divergente, a busca de alternativas não usuais, integrando o pensamento intuitivo. Brincadeiras com o auxílio do adulto, em situações estruturadas, mas que permitam a ação motivada e iniciada pelo aprendiz de qualquer idade, parecem estratégias adequadas para os que acreditam no potencial do ser humano para descobrir, relacionar e buscar soluções.

Bibliografia

Bateson, Gregory. *Vers une écologie de l'esprit.* Tome I. Traduit de l'anglais par Ferial Drosso, Laurencine Lot et Eugène Simion. Paris: Éditions du Seuil, 1977.

Brougère, Gilles. *Jeu et Education.* Paris: Retz, 1995.

Bruner, J.S. *Child'talk: learning to use language.* Nova York: W.W. Norton, 1983.

__________ . *Beyond the information given. Studies in the Psychgology of Knowing.* Anglin, Jeremias (org.). Londres: George Alllen & Unwin Ltd., 1974.

__________ . *Le développement de l'enfant: savoir-faire, savoir dire.* Trad. Michel Deleau. Paris: PUF, 1983.

__________ . "Nature and uses of immaturity". In: Bruner, J. *et alii* (eds.). *Play: its role in development and evolution.* Nova York: Penguin Books, 1976.

_________. *O processo da Educação*. trad. de Lólio Lourenço de Oliveira. 7 ed., São Paulo: Nacional, 1978.

_________. *Under five in Britain*. Ypsilanti, Michigan High/Scope Educational Research Foundation, 1980.

_________. "What we have learned about early learning". *European Early Childhood Education Research Journal*. 4(1):5-16, 1996a.

_________. "Juego, pensamiento y lenguaje". In: *Perspectivas*, 16(1):79-86, 1986.

_________. *L'Éducation, entrée dans la culture. Les problèmes de l'école à la lumière de la psychologie culturelle*. Paris: Retz, 1996b.

_________. "The nature and uses of immaturity". *American Psychologist* 2(8):1-22, 1972.

_________. "L'organization des premiers savoir-faire". *Child Development*, (444),1-11, 1973.

_________. *The process of Education*, Cambridge: Harvard University Press, 1960.

_________. *The relevance of Education*, Anita Gil (ed.), Londres: George Allen & Unwin Ltd, 1972.

_________. *Toward a theory of instruction*, Cambridge: Mass, Harvard University Press, 1966.

_________ e Connolly, K. *The growth of competence*. Londres: Academic Press, 1974.

_________, Goodnow, J. J. e Austin, G.A. *A study of thinking*, Nova York: Wiley, 1956.

_________, Olver, R.R. Greenfield, P.M. *et alii*. *Studies in cognitive growth*, Nova York: Willey, 1966.

Chomsky, Noam. *La linguistique cartésienne*, Paris: Le Seuil, 1969b.

_________. *Strutures syntaxiques*. Trad. Michel Braudeau. Paris: Seuil, 1969a.

Henriot, Jacques. *Sous couleur de jouer – La métaphore ludique.* Paris: José Corti, 1989.

Kishimoto, Tizuko Morchida. *Jogos tradicionais infantis.* São Paulo: Vozes, 1993.

Ratner, Nancy & Bruner, Jerome. "Games, social exchange and the acquisition of language". *Journal of Child Language*, (5), 391-401, 1978.

Rego, José Lins do. *Menino do engenho.* Rio de Janeiro: Livraria José Olympio Editora, 1966.

Vygotsky, L.S. *A formação social da mente*, São Paulo, Livraria Martins Fontes, 1988.

Wittgenstein, Ludwig. *Investigações filosóficas*, São Paulo: Abril Cultural e Industrial, 1975.

ALÉM DO SENTIDO E DO SIGNIFICADO: A CONCEPÇÃO PSICANALÍTICA DA CRIANÇA E DO BRINCAR

LENY MAGALHÃES MRECH

Tradicionalmente acredita-se que há um vínculo direto e imediato entre a criança, o brinquedo e o brincar. Parte-se da idéia de que a criança, na história da humanidade, sempre teve brinquedos e brincou. Não havendo nada mais natural que a associação criança, brincadeira e jogos infantis.

Para a Psicanálise tais colocações são altamente questionáveis, revelando formas prévias de conceber a criança, o brinquedo e o brincar.

Anos de trabalho terapêutico e da elaboração teórica levaram à redefinição do próprio trabalho terapêutico com crianças . Assim, uma Psicanálise de crianças; vai se tornando, cada vez mais, uma psicanálise com crianças.

Para a Psicanálise com crianças não é somente com o discurso da criança que lidamos, mas também com o discurso dos pais[1].

[1] Maria Cristina Lutterbach Silva, *Reflexões sobre um retorno*, in: *FORT-DA* – Ceppac. Rio de Janeiro: Editora Revinter, 1995, p.7.

1. A CRIANÇA DAS TEORIAS X A CRIANÇA REAL

Um dos problemas mais sérios da chamada Psicanálise com crianças é resgatar a criança através da sua fala, da sua palavra. Geralmente ela se encontra misturada às concepções que pais, professores e especialistas fazem dela.

A Psicanálise revela o quanto a palavra da criança pode ser encoberta, através de conteúdos transferenciais, pela fala dos adultos.

Transferência de palavra foi o primeiro termo que Freud utilizou para falar de transferência. Em seguida o termo transformou-se em transferência de pessoas, transferência de objetos, até chegar, como vocês sabem, à transferência de sentimentos[2].

A criança, ao longo da história da humanidade, tem sido depósito de processos transferenciais dos adultos, em termos de conteúdos e formas.

A história ajuda-nos a compreender esse fenômeno de espelhos que intervém entre o adulto e a criança; eles refletem-se como dois espelhos colocados indefinidamente um diante do outro. A criança é o que acreditamos que ela seja, o reflexo do que queremos que ela seja. Só a história pode fazer-nos sentir até que ponto somos os criadores da "mentalidade infantil". Em parte alguma a tomada de consciência é tão difícil quanto quando se trata de nós, e o fenômeno nos escapa quase sempre quando estamos diretamente implicados na situação. Através da história e da etnografia compreendemos a pressão que fazemos pesar sobre a criança[3].

Para a Psicanálise é fundamental que a palavra e o brincar da criança sejam resgatados em toda da sua autenticidade. Para isto é necessário que os adultos fiquem atentos a alguns esclarecimentos básicos.

---

[2] Antonio Di Caccia, *A transferência – A Escola de Lacan, hoje*, Salvador: Editora Fator, 1992, p. 26.
[3] Maurice Merleau-Ponty, *Merleau-Ponty na Sorbonne – Resumo de cursos de Filosofia e Linguagem*, Campinas: Papirus, 1990, p. 97.

O primeiro deles se refere à especificidade da noção de infantil. Geralmente a criança tem sido confundida com uma concepção de infância ou do infantil apresentada pelos pesquisadores. Philippe Ariès revela que o infantil, enquanto faixa etária, ainda é bastante recente na história da humanidade. Ele data praticamente do século XVII para cá. Anteriormente a criança era vista como um adulto em miniatura.

O infantil, como substantivo e não adjetivo, perde o impacto de conteúdo específico, ficando reduzido à mera concepção que se tenha da infância, de um determinado autor, de uma determinada teoria, de uma determinada época.

A abordagem psicanalítica com crianças vai além da concepção cronológica, objetiva revelar o que há de específico no infantil e na criança.

Em segundo lugar, o infantil tem sido reduzido a uma mera etapa do desenvolvimento humano, com o privilegiamento sobretudo do desenvolvimento físico. Como se bastasse saber as etapas de desenvolvimento, para saber como se dá o processo de construção do infantil. Contudo, a criança é muito maior do que as etapas de desenvolvimento estabelecidas para capturá-la.

Em terceiro lugar, a Psicanálise critica a existência do processo de desenvolvimento linear e único, tido como comum a todas crianças e culturas. O corpo humano, em toda a sua complexidade, ainda não foi suficientemente simbolizado em relação aos referenciais individuais e sociais. A Psicossomática revela estes impasses. A asma, a enxaqueca, a úlcera gástrica etc. são quadros clínicos que demonstram a complexidade das reações do corpo humano, denunciando o quanto ainda é necessário investigar.

Em quarto lugar, a sexualidade humana tem sido reduzida a um processo de desenvolvimento físico, tomado como natural e predeterminado. A Psicanálise revelou que a diferença sexual não é uma diferença meramente anatômica. Ela trouxe à tona as dificuldades do sujeito em assumir seu sexo. Para Freud a diferenciação sexual não decorre apenas de conteúdos sociais e individuais; mas, de um longo processo de elaboração. Nos *Três ensaios* de 1915, Freud assinalava que haveria uma bissexualidade inicial, que se manteria ao longo do processo de constituição do sujeito, levando-o a nunca se constituir plenamente em homem ou mulher.

Lacan leva o processo às últimas conseqüências, com o conceito de sexuação ou opções de identificação sexuada. Este processo apresentaria três tempos: no primeiro há a captura da diferença sexual na família – isto é, como a família concebe a diferença entre os sexos e o sexo apresentado pela criança; na segunda etapa, a criança aparece no discurso sexual apresentado pela família e, apenas, na terceira etapa, é que ela faz a eleição sexual propriamente dita.

Para Freud e Lacan, a eleição sexual não é um produto que já é dado a partir do sexo biológico da criança, mas um processo a ser construído.

A partir desses pressupostos, a Psicanálise passou a criticar as formas prévias de conceber a criança, tecidas a partir das chamadas teorias de desenvolvimento estabelecidas pelos adultos. Isto porque os processos de erotização que ocorrem com a criança, não coincidem necessariamente com as construções teóricas. Daí, ser preciso dar a palavra à própria criança.

Em quinto lugar, quando a palavra é passada à criança há ainda a emergência de um outro tipo de preconceito. Os adultos acreditam que ela não sabe se explicar muito bem, porque lhe faltam palavras, lhe faltam argumentos. Em decorrência, eles acabam por colocar a criança no lugar daquela que não sabe, e de novo passam a tentar deduzir como ela pensa e age.

A Psicanálise enfatiza a importância de se passar a palavra à criança, para que ela nos diga quem ela é e como pensa.

Em sexto lugar, isto acabou por levar a Psicanálise a privilegiar a noção de estrutura em vez da noção de desenvolvimento. Esta opção é um marco estratégico. Isto porque não há um desenvolvimento igual ao outro, seja físico, social, emocional etc. Os processos maturacionais de cada criança são discrepantes em relação às demais. Sua estrutura é sempre singular, seguindo os processos específicos, vinculados à história de cada sujeito.

Para a Psicanálise a noção de estrutura possibilitará captar a criança de uma maneira mais precisa, sem transformá-la em uma peça dos jogos de encaixe das teorias.

Em suma, para a Psicanálise, não se trata de demonstrar que a teoria captou corretamente o sujeito; mas, que em todos os casos, se ultrapassa sempre o plano da teoria. As crianças não podem ser reduzidas ao enfoque teórico.

2. A CRIANÇA INTERPRETADA PELOS ADULTOS

Poderíamos pensar que, após termos esclarecido a questão dos referenciais teóricos, seria possível nos voltarmos apenas para a criança em toda a sua singularidade. Na verdade, as coisas não são tão simples assim. A criança internaliza a palavra dos adultos que convivem com ela. Ela acaba por acreditar na imagem que eles fazem dela. Assim, como os adultos costumam acreditar que a sua imagem a respeito da criança é a própria criança. Por exemplo, é bastante comum os professores confundirem as imagens que as teorias psicológicas e pedagógicas trazem, como sendo a criança. Eles acreditam que basta ter um bom conhecimento teórico para saber como a criança é, pensa e age. Há a confusão das imagens de desenvolvimento do infantil ou das teorias com as próprias crianças. "Esta criança é pré-silábica!" "Ela está na etapa das operações concretas." Eles acabam por confundir a imagem da criança universal trazida pelas teorias com a criança particular.

Um outro aspecto a ser assinalado é que eles acreditam que são os referências mais importantes para as ações da criança. Por exemplo, é bastante comum os professores acreditarem que as ações das crianças foram feitas para chamar a atenção deles. Ou seja, eles tomam as ações da crianças como tendo um só direcionamento, um só sentido, uma só intencionalidade: aquelas que eles atribuem.

Freud já havia chamado a atenção, desde o século passado, para um modelo de atuação narcísica, onde o sujeito se coloca como o centro de todas as coisas. Os adultos desejam ser o centro de atenção da vida da criança. Como Narciso, ficam cegos e fascinados pela própria imagem, que acreditam ver nas ações das crianças.

Com isso, não é de se espantar que a criança não tenha ainda sido percebida em toda a sua singularidade, pois o que emerge em seu lugar são imagens das teorias psicológicas, médicas etc. e/ou as imagens sociais e individuais que os adultos fazem dela.

A mesma coisa acontece com os brinquedos e o brincar da criança. Os adultos costumam atribuir a eles sentidos e significações prévias, que concebem como sendo o verdadeiro sentido e significado das brincadeiras e jogos infantis.

Para a Psicanálise, a palavra da criança precisa ser resgatada. Para que ela deixe de ser objeto dos desejos e necessidades dos adultos, para se investigar como ela pensa, sente, percebe o mundo à sua volta. Para a Psicanálise a criança, o brincar e os brinquedos são processos que precisam ser ainda investigados.

Por que estamos iniciando esta discussão através da crítica das teorias de estágios de desenvolvimento? Porque elas fundamentalmente pré-concebem como deverá ser o processo de desenvolvimento da atividade lúdica na criança. Ou seja, elas fazem o professor acreditar, e esperar, que todas as crianças, em determinadas etapas, tenham o mesmo processo de desenvolvimento.

Onde o professor deveria estar descobrindo como cada criança brinca, que tipo de brinquedos e jogos que gosta etc., emergem em seu lugar, as respostas prévias que as diferentes teorias apresentam como sendo o brincar da criança ou as elaborações que os adultos propuseram a respeito dela.

Em decorrência, é fundamental que o professor perceba que cada criança frente ao lúdico apresenta a sua própria especificidade. Assim, embora na mesma família, dois irmãos apresentem processos de constituição parecidos, quando se dá a palavra a cada uma das crianças se constata que elas são diferentes.

Um outro aspecto a ser assinalado é que o brincar da criança não é apenas um ato espontâneo de um determinado momento. Ele traz a história de cada criança, revelando quais foram os efeitos de linguagem e da fala em cada sujeito, sob a forma de um circuito transferencial específico.

A transferência é a atualização da realidade do inconsciente. O inconsciente, são os efeitos da fala sobre o sujeito, é a dimensão que o sujeito se determina no desenvolvimento dos efeitos da fala, em conseqüência do que o inconsciente é estruturado como uma linguagem[4].

O processo de desenvolvimento de cada criança necessita de desencadeadores através da linguagem e da fala. Isto quer dizer que, sem a linguagem e a fala, os chamados processos de desenvolvimento não serão acionados.

O uso da atividade lúdica como uma das formas de revelar os conflitos interiores das crianças foi, sem dúvida, uma das maiores descobertas da Psicanálise. É brincando que a criança revela seus conflitos. De uma forma muito parecida como os adultos revelariam falando. No entanto, o brincar e as brincadeiras infantis não podem ser tomados como processos iguais à linguagem e à fala. Eles apresentam uma singularidade típica.

A extrema diversidade dos objetos, tanto instrumentais quanto fantasiosos, que intervêm no desenvolvimento do campo do desejo humano, é impensável numa tal dialética, no momento em que se encarne em dois atores reais, a mãe e a criança. Em segundo lugar, é um fato de experiência que, mesmo na criança mais nova, vemos aparecer esses objetos que Winnicott chama de objetos transicionais porque não podemos dizer de que lado eles se situam na dialética reduzida, e encarnada, da alucinação e do objeto real.

Todos os objetos de jogos da criança são objetos transicionais. Os brinquedos, falando propriamente, a criança não precisa que lhe sejam dados, já que os cria a partir de tudo o que lhe cai nas mãos. São objetos transicionais.

[4] Jaques Lacan, *Os quatro conceitos fundamentais da Psicanálise*, Rio de Janeiro: Jorge Zahar, 1979, p. 142.

A propósito destes, não é preciso perguntar se são mais subjetivos ou mais objetivos – eles são de outra natureza. Mesmo que o sr. Winnicott não ultrapasse os limites chamando-os assim, nós vamos chamá-los, simplesmente, de imaginários[5].

Para a Psicanálise, não se deve confundir os objetos concretos (brinquedos e jogos), com as suas simbolizações e imagens. Há a distinção entre a realidade psíquica da criança e a realidade concreta. Para que possamos saber como a criança pensa, o que sente, deseja etc., é preciso que nós nos orientemos pela sua realidade psíquica, e não pela chamada realidade concreta ou por nossa realidade psíquica.

Freud e Lacan lembram que os seres humanos se orientam pela linguagem e pela fala, sem perceber os efeitos que elas acarretam. Sem se dar conta de que elas tecem a realidade psíquica dos sujeitos. A realidade psíquica da criança não pode ser reduzida à realidade psíquica dos seus pais ou professores. Quando o professor ou os pais tentam capturá-la a partir das suas próprias representações, o que fazem é perdê-la irremediavelmente, para uma máscara que eles compuseram acreditando que fosse ela.

3. A criança na concepção psicanalítica freudiana

As crianças não chegam isentas à escola. Elas trazem no pensamento, nas emoções ou na forma de brincar a maneira como foram olhadas e percebidas pelos outros.

Ao brincar, a criança não se situa apenas no momento presente; mas, também, no seu passado e no seu futuro. O brincar, como atividade terapêutica, possibilita que a criança supere a situação traumática. É simbolizando, falando e representando os conteúdos que

[5] Jaques Lacan, *A relação de objeto*, Rio de Janeiro: Jorge Zahar, 1995, p. 34.

a perturbaram que ela pode nomear e conhecer melhor as situações, idéias, pessoas e coisas.

O brinquedo – da mesma forma que o brincar – não é um objeto neutro, pois condensa a história da criança com outros objetos.

Para Freud o brinquedo e o brincar são os melhores representantes psíquicos dos processos interiores da criança. Eles estão em significação, na busca do sentido dos atos da criança.

A transferência revela o tipo de laço social que se teceu no ambiente familiar da criança. Através dela acredita-se que ela reviveria os principais conteúdos emocionais que a marcaram. Na verdade, esta forma de conceber a transferência capturaria apenas uma parte do circuito transferencial: a da linha dos afetos; excluindo outra – a da transferência enquanto um circuito do saber.

Pode-se dividir a história da transferência com crianças em dois grandes períodos estruturais: a transferência concebida enquanto conteúdo afetivo e a transferência enquanto uma forma de saber.

No primeiro caso, a transferência, na Psicanálise Clínica com Crianças, tem sido concebida tradicionalmente como se fosse uma relação dual, onde as emoções entre os sujeitos seriam recíprocas.

A transferência revela o ponto onde o circuito emocional se paralisa.

Se a transferência é apenas repetição, ela será apenas repetição, da mesma rata. Se a transferência pretende, através da repetição restituir a continuidade de uma história, ela só o fará fazendo ressurgir uma relação[6].

A transferência, como Freud a concebeu inicialmente, revela a existência de formas repetitivas de atuação dos sujeitos a determinados objetos, pessoas e conteúdos. Há a constante repetição do repetido. Por exemplo, a criança que atira pela vigésima vez no chão o mesmo objeto, chamando a professora: "Oi, Tia (e joga o objeto no chão)".

[6] Jaques Lacan, *Os quatro conceitos fundamentais da Psicanálise*, *op. cit.*, p. 137.

Muitos psicanalistas, assim como os professores entendem esta situação como uma ação feita propositalmente para irritá-los. Como se a criança fizesse aquilo para chamar a sua atenção.

Segundo a perspectiva freudiana clássica é uma relação contra-transferencial, onde o professor só aparentemente se dá conta do que acontece com o aluno. Ele transfere o seu conteúdo para a criança, tomando a sua forma de ver as coisas, como sendo a forma de ver da criança. Para Freud o professor confundiu o seu eu, com o eu da criança.

Por trás das emoções como formas repetitivas de atuação nos brinquedos e jogos da criança, encontram-se outros conteúdos além daqueles que o adulto supõe.

Freud chamava este processo de Mais Além do Princípio do Prazer, ao assinalar que a criança não repete apenas ações prazerosas, mas as complicadas e difíceis.

Freud acabou por se dar conta que os símbolos, as imagens, os objetos não são neutros; mas se apresentam sempre erotizados. Esta erotização instaura os circuitos libidinais de repetição. Sejam as repetições prazerosas ou aquelas desprazerosas.

Para Freud foi se tornando cada vez mais importante perceber qual era o sentido, o significado destes circuitos repetitivos. É por tudo isto que os psicanalistas se voltaram inicialmente para a busca do significado das ações, dos sintomas da criança.

A sua realidade psíquica era diferente da realidade do adulto, tornando-se necessário investigar como ela se apresentava, quais sentidos e significações trazia.

Um dos conceitos fundamentais da Psicanálise, na captura da realidade psíquica da criança, é o Complexo de Édipo ou Fantasma. Ele revela como a criança se constitui, quais sentidos foram dados às suas ações.

Por fantasma[7], tradicionalmente, a Psicanálise entende:

---

[7] Para a psicanálise, os termos *fantasia* e *fantasma* são equivalentes.

Um roteiro imaginário em que o sujeito está presente, e que figura, de maneira mais ou menos deformada pelos processos defensivos, a realização de um desejo inconsciente... A fantasia se constitui a partir das coisas vistas e ouvidas[8].

O fantasma da criança é produto do que ela viu, viveu e ouviu em suas relações com os adultos. Ela ocupa, geralmente, o lugar do objeto, sendo depósito para o desejo dos adultos.

Dentro de uma concepção mais direcionada para a transferência imaginária, certos psicanalistas (René Spitz, Margaret Mahler e Maud Mannoni, por exemplo) passaram a fazer uma leitura fantasmática referida apenas às relações entre a mãe e a criança. Acreditava-se na importância de uma boa relação materna para que a criança não caísse sob o impacto da neurose, da psicose ou da perversão. A boa mãe seria aquela que propiciasse à criança um ambiente afetivo bem estruturado, reconhecendo-a como sujeito, retirando-a da posição de objeto, isto é, de depósito dos sonhos, das expectativas e do desejo dos adultos.

A ludoterapia passou a ser o meio pelo qual as relações ruins da criança seriam recriadas, "consertadas". Através dos jogos e brincadeiras infantis, a criança poderia simbolizar seus problemas, resolvendo-os em um outro contexto.

O conceito de transferência passou a se direcionar para os aspectos afetivos (imaginários). A relação mãe e filho foi tomada como uma relação de amor necessária, para que as crianças pudessem crescer saudáveis.

O chamado fenômeno do afeto ou emoções adquire no contexto escolar importância fundamental. Pois, é no chamado plano do imaginário, isto é, no âmbito das relações duais, que as emoções desempenham papel essencial. Freud vai dizer que as emoções são recíprocas. Ao imputar ao outro sentimentos que são nossos, nós também os fazemos reagir perante as nossas emoções.

---

[8] Pierre Kaufmann, *Dicionário enciclopédico de Psicanálise – O legado de Freud e Lacan*, Rio de Janeiro: Jorge Zahar, 1996, p. 196.

Para Melanie Klein não se tratava apenas de resgatar a relação de amor que a criança não teve. Há outras emoções em jogo: ódio, inveja, agressividade, sexualidade etc. Constatou-se, então, que a criança havia perdido a inocência. As suas brincadeiras e jogos apresentavam conteúdos sexuais.

Através do caso Dick, Melanie Klein representa este processo, fazendo a criança simbolizar a relação familiar através do uso de três brinquedos: o trenzinho pequeno será Dick, o trenzinho maior será o papai e o túnel será a mamãe.

A autora considera que os brinquedos e os jogos da criança tornam-se processos simbólicos, com sentidos e significações específicas para cada criança.

Winnicott acrescenta que além das significações e sentidos, os brinquedos são também objetos transicionais, isto é, eles se encontram no meio do caminho entre a chamada realidade concreta e a realidade psíquica da criança.

Não basta apenas saber como as imagens, os sentidos, as significações são construídas, é preciso saber como a criança constrói os objetos interiormente, como vai tecendo símbolos e imagens, ao mesmo tempo, em que é tecida pela linguagem e a fala:

Esse jogo (o Fort-Da para Freud, isto é, a criança que brinca em fazer aparecer e desaparecer o carretel dado pela mãe para brincar) mediante o qual a criança se exercita em fazer desaparecer de sua visão, um objeto, por mais indiferente que seja enquanto a natureza, por sua vez modula essa alternância com sílabas distintivas – esse jogo, diremos, manifesta em seus traços radicais a determinação que o animal humano recebe da ordem simbólica[9].

É a matriz simbólica estabelecida através da linguagem e da fala que irá constituir o sujeito. Ela estabelecerá a presença e ausência dos objetos.

---

[9] Aníbal Leserre, *Un niño no es un hombre,* Buenos Aires: Atuel, 1994, p. 85.

É um dos traços mais fulgurantes da intuição de Freud na ordem do mundo psíquico que haja captado o valor revelador dos jogos de ocultação, que são os primeiros jogos da criança (Mais além do princípio do prazer). São estes jogos de ocultação que Freud , em uma intuição genial, apresentou aos nossos olhos, para que nós reconhecessemos neles o momento em que o desejo se humaniza é também o momento em que a criança nasce para a linguagem[10].

4. A criança na concepção psicanalítica lacaniana

A abordagem lacaniana trouxe novas contribuições ao pensamento psicanalítico, a partir de um novo conceito: o de gozo.

O gozo, para Lacan, está articulado àquilo que está além do princípio do prazer. A criança não repete situações passadas apenas porque elas tem determinados sentidos e significações. Ela repete porque elas passam a se constituir em formas de gozar.

A realidade é abordada com os aparelhos de gozo. E aparelho de gozo não há outro senão a linguagem. É assim que no ser falante o gozo é aparelhado. É o que diz Freud[11].

A criança não repete certas ações desagradáveis apenas para chamar a atenção do professor. Ela faz porque aquilo tem um determinado sentido, porque se encontra presa em cadeias de gozo das quais não consegue sair.

Quando a criança se aproxima de um brinquedo, para brincar, já está aparelhada com formas estruturadas de pensar e de saber.

Durante muito tempo os psicanalistas acreditaram que bastava o sujeito saber o sentido e os significados das suas ações para mudar. O problema é muito maior: estamos presos às cadeias de gozo – formas de gozar padronizadas – das quais não conseguimos nos desvencilhar, nem saber o sentido.

[10] Aníbal Leserre, *Um niño no es un hombre, op. cit.*, p. 87.
[11] Jacques Lacan, *Mais, ainda.* Rio de Janeiro: Jorge Zahar, 1982, p. 75.

Para Lacan, a linguagem e a fala não dá conta de dizer os sujeitos, as crianças, suas vidas, suas histórias, de delinear o que acontece com elas. O saber tem limites, não é um saber integral como pensam a Pedagogia e a Psicologia.

Lacan elabora uma concepção de saber como "não-todo". Isto é, sempre irá faltar um pedaço. Ele será incompleto. Este saber do sujeito, de cada criança não pode ser reduzido, como acredita a Psicologia e a Pedagogia a um saber universal, a um saber completo e total.

Cada paciente, cada criança, cada professor terá que tecer o saber, a partir da linguagem e da fala. Um saber que tecerá a verdade do sujeito.

O saber universal não traz em seu bojo a verdade do sujeito. Ou seja, porque ele agiu de determinada forma, porque ele se encontra preso às cadeias de gozo. Assim, como a palavra, as significações e sentidos das ações das crianças elaboradas pelos adultos não dão conta de dizer o que ela pensa, sente e repete determinada ação.

A criança precisa saber porque ela age de determinada forma, porque se encontra presa a determinadas cadeias de gozo.

É devido às cadeias de gozo, e não ao sentido ou significado de um determinado jogo ou brincadeira infantil, que a criança repete. Ou seja, ela repete algo que ainda não conseguiu elaborar.

É a isto que a criança está presa, e não àquilo que o professor acha que seria o sentido e as significações de suas ações. A criança não age de determinada forma para chamar a atenção do professor. Ela age porque não está conseguindo sair deste processo, porque não consegue encontrar outra forma de gozar.

Muitos são aqueles que acreditam que a Psicanálise apresenta um saber universal – o do mito do Édipo.

Lacan vai reformular este conceito introduzindo a noção de complexos familiares ao afirmar:

O que define o complexo é o fato de que ele reproduz uma certa realidade do ambiente(ambiência), e o faz de uma forma dupla:

1º. Sua forma representa esta realidade no que ela tem de distinto de uma dada etapa de desenvolvimento psíquico; esta etapa especifica a sua gênese;

2º. Sua atividade repete no vivido a realidade assim fixada em toda oportunidade em que se produziria algumas experiências de objetivação superior, especificam o condicionamento do complexo[12].

Os complexos familiares são o ambiente familiar, tecido através das palavras, imagens e símbolos que acompanham a criança em todos os lugares. Isto quer dizer que, quando a criança age, ela não o faz ao acaso, mas apresenta as formas de gozar que aprendeu em sua família. São elas que estabelecem a gênese do processo da criança, isto é, que iniciam o seu processo de constituição de sujeito e não as chamadas etapas de desenvolvimento gerais.

Desde o começo, é necessário dizer que há uma diferença entre Freud e Lacan; o que leva Jacques Allain-Miller a dizer que "Lacan corrige, nisto, a Freud".

A indicação de Lacan é, enquanto a questão de desenvolvimento, revisar o tratamento que se dá ao imaginário pelo simbólico, cuidando de não cair na tentação (tão a miúdo presente) de abandonar o fundamento da palavra.

Enquanto as teorias chamadas de desenvolvimento, é preciso assinalar que tanto os seus impasses como as contradições que entre elas se colocam, dão mostras da insistência de algo indominável, de algo impossível de dizer, que ainda que se trate de cercá-lo através de vários métodos ou técnicas de investigação, só se consegue alcançar as suas bordas.

Esse real, inabordável através de qualquer psicologia, é o que permite conceber os vãos esforços por constituir uma "verdadeira" teoria do desenvolvimento[13].

---

[12] Jacques Lacan, *La familia.* Buenos Aires: Homo Sapiens, 1977, p. 56.
[13] Vários Autores, *Perspectiva del Psicoanálisis*, Buenos Aires: Anáfora, 1993, pp. 101 e 102.

É exatamente o real da criança que as teorias de desenvolvimento não conseguem apreender. Elas não capturam o específico de cada criança em suas cadeias de gozo. Suas repetições são o produto destas cadeias, e não de etapas prefixadas do desenvolvimento humano. A Psicanálise revela as armadilhas deste empreendimento.

Toma-se como sendo da criança, construções de linguagem que foram feitas para falar dela. Confunde-se os sentidos, as significações elaborados através da linguagem como o próprio pensamento da criança.

Para Lacan é importante que nós percebamos que há na linguagem e na fala sempre algo que vaza, algo que não se atinge, a não ser aproximativamente: a própria criança a brincar. É nesta região que Lacan assinala a existência do registro do real. Algo que nós tentamos apreender, mas só identificamos através dos símbolos, das imagens, das significações e sentidos da nossa cultura.

É pela repetição dos circuitos de gozo que a criança revela a sua discordância em relação às nossas teorias de desenvolvimento. Ela revela o quanto singular é sua ação e seu brincar.

A importância da concepção psicanalítica encontra-se em que ela revela os limites dos pesquisadores a respeito das teorias sobre o brincar, o brinquedo e a criança. Ainda falta muito para nos aproximarmos de uma visão mais precisa do que são estes elos na vida da criança. É preciso que, primeiro, nós possamos nos desfazer de nossos próprios preconceitos teóricos, para capturá-la da forma mais próxima possível.

O que não quer dizer que nós tenhamos a verdadeira idéia de quem é a criança, o brincar e o brinquedo. Como revelou Lacan, esta ainda nos falta e vai faltar sempre.

Lacan assinala que a Psicologia costuma identificar o que é percebido através da linguagem. É preciso que nós percebamos que o sujeito, a criança está em outro lugar, distinto de tudo que escrevemos e falamos sobre ela.

Por que esta abordagem é importante para se lidar com a criança, os brinquedos e os jogos infantis? Porque ela revela que o adulto apresenta sempre estereótipos em relação à sua percepção da criança, dos brinquedos e jogos infantis.

5. Além do significado e das significações: o real da criança, dos jogos e das brincadeiras infantis

Costuma-se dar como naturais os conteúdos referentes às ligações entre a criança, os brinquedos, as brincadeiras e os jogos infantis.

Ao longo deste trabalho fomos revelando que estas idéias não se apresentam juntas. Elas se estruturam tanto a partir de concepções sociais quanto individuais.

É preciso que nós saiamos destas concepções preestabelecidas para que realmente possamos identificar como a criança pensa, brinca e joga. Como ela concebe os brinquedos, os jogos e as brincadeiras.

As teorias de desenvolvimento psicológico revelam-se, segundo Marie-Jean Sauret, um sintoma:

Um sintoma, enquanto são desenvolvimentos, a partir do que não se desenvolve.

Fracionar fenomenicamente as brincadeiras, jogos e o contato da criança com os brinquedos, não resolve a questão. O brincar não se reduz às diferentes etapas e tipos de brincadeiras infantis. O brincar ultrapassa estes processos e se institui como uma categoria nova para cada criança.

Ao apreender a criança através das etapas de desenvolvimento, nós não nos damos conta de que estamos agindo de uma forma redutora, fazendo a criança se encaixar na linguagem que conhecemos.

Há um novo no brincar, nos brinquedos e jogos infantis que precisa ser resgatado pelos educadores e pesquisadores infantis. Um novo que sempre existiu. Um novo que pertence ao registro do real, mas que por nossas construções de linguagem, sempre tentamos apreender à nossa moda, perdendo muitas vezes, irremediavelmente a criança, o brincar e o brinquedo.

Bibliografia

Cesarotto, Oscar. (org.) *Idéias de Lacan.* São Paulo: Editora Iluminuras, 1995.

Freudiana – *Revista Europea de Psicoanálisis da Cataluña.* Barcelona: Escuela Europea de Psicoanálisis, 1995, nº 14.

Lacan, Jacques. *La família.* Buenos Aires: Homo Sapiens, 1977.

__________. *A relação de objeto.* Rio de Janeiro: Jorge Zahar Editor, 1995.

Leserre, Aníbal. *Un niño no es un hombre.* Buenos Aires: Atuel, 1994.

Vários autores. *Revista Carrossel.* Salvador: Escola Brasileira de Psicanálise – Secção Bahia, Abril de 1997.

Vários autores. *Lazos – Hacia una clínica de las suplencias.* Buenos Aires: Fundación Ross, 1995.